旅の指さし会話帳
フィリ...

この本の

step 1
伝えたい言葉を指さします

話し相手に見せながら、言葉を指さすだけで通じます。大きな声で発音してみましょう。相手も、興味を持って対応してくれますよ！

step 2
言葉を組み合わせて文章を作ります

たとえば「〜はどこにありますか？」と「トイレ」を指させば、場所が聞けます。わかりやすいように、ゆっくり指さすのがコツです。

step 3
相手にも指さしてもらいましょう
Ipaturo sa kausap ang mga salita.

（訳:私と同じように、言葉を指して答えてくださいね）

まずはこれだけ！
フィリピノ語・超基本フレーズ 21

買い物、食事、観光など、いろんな場面で役立つ言葉を厳選！

あいさつ・呼びかけの言葉

こんにちは
Magandang araw
マガンダン アーラウ

すみません
Ekskyus mi
エクスキュース ミー

ありがとう
Salamat
サラーマット

ごめんなさい
Pasensya ka na
パセンシャ カ ナ

はい
Oo
オオ

いいえ まだです
Hindi pa
ヒンディ パ

ごめんください
tao po
ターオ ポ

私の名前は〜です
〜 ang pangalan ko
〜アン パガーラン コ

お尋ねしていいですか？
Puwede po bang magtanong?
プウェデ ポ バン マグタノン

さようなら
Aalis na ako / Paalam
アアリス ナ アコ / パアラム

お願いする言葉

〜はありますか？
Meron ba kayong 〜 ? / May 〜 ba kayo?
メロン バ カヨン〜 / マイ〜バ カヨ

これをください
Kukunin ko ito
ククーニン コ イト

頼むよ！
Sige na!
シゲ ナ

いらないです
Huwag na
フワッグ ナ

写真を撮ってもいいですか？
Puwede bang kumuha ng litrato?
プウェーデ バン クムーハ ナン リトラート

場所・行き方を尋ねる

〜はどこにありますか？
Nasaan ba ang 〜 ?
ナサアン バ アン〜

〜に行きたい
Gusto kong pumunta sa 〜
グスト コン プムンタ サ〜

トイレ
CR
シーアール

タクシー
taksi
タクシー

駅
istasyon(station)
イスタション（ステイション）

道に迷いました
Naligaw ako
ナリガウ アコ

空港・ホテル | 移動 | 買い物・観光 | 食事 | 仲良くなる | トラブル

楽しい旅のスタートは、ここから！
お役立ち＜お金＞フレーズ

これはいくらですか？
Magkano ito?
マグカーノ イト

高い
mahal
マハル

〜を買いたい
Gusto kong bumili ng 〜
グスト コン ブミリ ナン〜

安い
mura
ムーラ

安くなりませんか？
Wala bang tawad?
ワラ バン ターワッド

〜ペソにしてよ
〜 piso na lang
〜ピーソ ナ ラン

〜ペソ
〜 piso
〜ピーソ

〜円
〜 yen
〜イェン

0 **sero** セーロ	1 **isa** イサ	2 **dalawa** ダラワ	3 **tatlo** タトゥロ
4 **apat** アーパット	5 **lima** リマ	6 **anim** アーニム	7 **pito** ピト
8 **walo** ワロ	9 **siyam** シヤム	10 **sampu** サンプ	20 **dalawampu** ダラワンプ

お金の種類＝フィリピン・ペソ

1ペソ

piso
ピーソ

5ペソ

limang piso
リマン　ピーソ

10ペソ

sampung piso
サンプン　ピーソ

20ペソ

dalawampung piso
ダラワンプン　ピーソ

50ペソ

limampung piso
リマンプン　ピーソ

100ペソ

sandaang piso
サンダアン　ピーソ

200ペソ

dalawadaang piso
ダラワンダアン　ピーソ

500ペソ

limadaang piso
リマダアン　ピーソ

1000ペソ

sanlibong piso
サンリーボン　ピーソ

もくじ

空港・ホテル ……………………… 8
- 空港 …………………………………… 10
- ホテル ………………………………… 12

移動 ……………………………… 14
- 街を歩く ……………………………… 16
- 〜はどこですか？ …………………… 18
- 乗り物 ………………………………… 20
- ジープニー・タクシー ……………… 22

買い物・観光 …………………… 24
- 数字 …………………………………… 26
- スペイン数字・買い物 ……………… 28
- 時間と時計 …………………………… 30
- 日付と年月 …………………………… 32
- 季節と天気 …………………………… 34
- フィリピンの名所 …………………… 36
- フィリピンの伝統風景 ……………… 38
- 海と砂浜 ……………………………… 40

この本の使い方 …………………………… 1
フィリピノ語・超基本フレーズ 21 ……… 2

食事 ……… 42
- 食事をする … 44
- 軽食 … 46
- 有名な料理 … 48
- 果物・飲み物 … 50

仲良くなる ……… 52
- 自己紹介 … 54
- 家族・友だち … 56
- 連絡をとる … 58

トラブル ……… 60
- トラブル … 62
- 体調不良・〜が痛い … 64
- 病院に行く … 66

お役立ち＜お金＞フレーズ … 4
単語集＜日本語→フィリピノ語＞ … 68

空港・ホテル

移動

買い物・観光

食事

仲良くなる

トラブル

空港・ホテル

入国時は、発音練習の最初のチャンス

こんにちは！
Magandang araw
マガンダン アーラウ

　何度経験してもなぜか少し緊張してしまう入国審査。やさしそうなお兄さんやお姉さんに当たればいいなと思ったときほど、なんとなく恐い顔の審査官に当たったなんてこともありますよね。でも、大丈夫。ここは「こんにちは！」の練習と思ってみてください。滞在中フィリピノ語を話すほど、楽しい体験は増えていきます。その第一歩です。

ホテルでは遠慮せずに伝えたいことを伝える

ちょっと来てください
halika
ハリーカ

　シャワーのお湯が出ない、ドアの鍵が壊れている……日本のホテルではありえないようなことも、海外ではあたりまえ。こんなとき、奥ゆかしい日本人は我慢しちゃう。あるいは言葉の壁を理由に泣き寝入り。でも、快適に過ごせないと、旅の疲れも溜まるだけ。遠慮なく、言いたいことを伝えましょう。

大きな荷物はホテルに預けて外出

荷物を預かってください
Pakideposito mo nga
ang bagahe ko.
パギデポシト モ ガ アン バガーヘ コ

　チェックインまで時間がある、チェックアウト後に次の移動まで時間がある―そんなときにはカフェやバーで時間を過ごしたり、ショッピングを楽しんだりしたいもの。ところが、大きな荷物をゴロゴロ引いて歩くのはどうにも。そう、大きな荷物は移動までの間、ホテルに預けてしまえばいい。ただし、貴重品は持参で。

空港

空港到着

～はどこにありますか？
Nasaan ba ang ～?
ナサアン バアン～

入国カード	入国審査	税関
disembarkation card	**imigrasyon**	**customs**
ディセンバーケーションカード	イミグラション	クストムス

空港税	乗り継ぎ	国内線
airport tax	**transfer / lipat**	**domestic flight**
エアーポートタックス	トゥランスファー / リパットゥ	ドメスティックフライト

両替所	売店	カート
money changer	**tindahan**	**cart**
マニー チェーンジェル	ティンダーハン	カートゥ

免税店	トイレ	電話	WiFi
duty free shop	**CR**	**telepono**	**WiFi**
ジューティーフリーシャップ	シーアール	テレーポノ	ワイファイ

ポーター	警察	SIMカード
porter	**himpilan ng pulis**	**SIM Card**
ポーター	ヒンピーランナンプリス	スィム カルド

トラブル

～がなくなった
Nawala ang ～
ナワラ アン～

荷物
bagahe/bitbit
バガーヘ/ビットゥビットゥ

財布	パスポート	お金
pitaka	**pasaporte**	**pera**
ピターカ	パサポールテ	ペーラ

市内に向かう

～に乗りたいのですが
Gusto kong sumakay ng ～
グスト コン スマカイ ナン～

クーポンタクシー	タクシー	バス
airport taxi	taksi	bus
エアポート タクシー	タクシー	ブス

ジープニー	配車アプリ
dyipni/jeep	Grab
ジープニ / ジープ	グラブ

～に行きたい
Gusto kong pumunta sa ～
グスト コン プムンタ サ～

エルミタ	マラテ	マビニ通り	タフト通り
Ermita	Malate	Mabini Street	Taft Avenue
エルミータ	マラーテ	マビーニ ストリート	タフト アベニュー

ロハス通り	エドサ通り	マカティ
Roxas Blvd.	Edsa Avenue	Makati
ロハス ブリバード	エドゥサ アベニュー	マカーティ

いくらですか？	～ペソ	～ペソくらい
Magkano?	piso	mga ～ piso
マグカーノ	ピーソ	マガ～ピーソ

空港・ホテル / 移動 / 買い物・観光 / 食事 / 仲良くなる / トラブル

ホテル

泊まる
tumigil
トゥミーギル

今晩空き部屋はありますか？
May bakante ba ngayon?
マイ バカーンテ バ ガヨン

ホテル
hotel
ホテル

安宿 (宿屋)
murang hotel
ムーラン ホテル

ドミトリー
dormitoryo
ドルミトーリョ

一泊いくらですか？
Magkano ang isang gabi?
マグカーノ アン イサン ガビ

安くしてください
Wala bang bawas?
ワラ バン バーワス

チェックインする
mag-check in
マグチェックイン

チェックアウトする
mag-check out
マグチェックアウト

ネットで予約しました
Nagreserba ako sa pamamagitan ng internet
ナグレセールバ アコ サバ ママギタン ナン インテルネット

クレジットカードで支払い済みです
Nakapagbayad na ako sa pamamagitan ng credit card
ナカパグバヤッド ナ アコ サバ ママギタン ナン クレディット カルド

〜はありますか？
Meron bang 〜 ?
メロン　バン

エアコン
air-con
エルコン

テレビ
telebisyon
テレビション

お湯
mainit na tubig
マイーニット ナ トゥービッグ

窓
bintana
ビンターナ

セーフティー・ボックス
safety box
セイフティ バックス

トラブル

お湯が出ない	水が出ない
Walang lumabas na mainit na tubig	Walang lumabas na tubig
ワラン ルマバス ナ マーイニット ナ トゥービッグ	ワラン ルマバス ナ トゥービッグ

水が流れない	エアコンの調子が悪い
Walang dumaloy na tubig	May sira ang erkon
ワラン ドゥマーロイ ナ トゥービッグ	マイ シーラ アン エルコン

電気がつかない	テレビがつかない
Hindi sumindi ang ilaw	Ayaw magsindi ng telebisyon
ヒンディ スミンディ アン イーラウ	アーヤウ マグシンディ ナン テレビション

電話がかからない	カギがかからない
hindi makakontak sa telepono	hindi maisusi
ヒンディ マカコンタック サ テレーポノ	ヒンディ マイスーシ

カギがあかない	カギを部屋に忘れた
hindi mabuksan	Naiwan ko ang susi sa kuwarto
ヒンディ マブクサン	ナイーワン コ アン スーシ サ クワールト

隣の部屋の人がうるさい	シーツを替えてください
Ang ingay ng taong nasa tabing kuwarto	Pakipalitan ang kumot
アン イーガイ ナン ターオン ナサ タビン クワールト	パキパリータン アン クーモット

静かにさせてください	この番号に電話してください
Patahimikin nyo sila	Pakitawag nga sa numerong ito
パタヒミーキン ニョ シラ	パキターワッグ ガ サ ヌーメロン イト

移動

笑顔で話しかければコミュニケーション成立

すみません
Ekskyus mi.
エクスキュース ミー

　フィリピン人は概ねどの人も外国人にも寛容。知り合ったばかりでもすぐ友だちになれる。とくに、通りを歩いて移動する際には「迷う前に聞いてみよう」の姿勢を忘れずに。笑顔で呼びかければ、笑顔で応えてくれます。あとはひたすらフレンドリーに接すれば大丈夫。

迷う前に道はどんどん尋ねてみること

> 〜に行きたいです
> Gusto kong pumunta sa 〜
> グスト コン プムンタ サ〜

　初めての土地で地図を片手に、住所のメモを片手に目的地を目指すのは、旅の王道。しかし、いつでもすんなり目的地にたどり着けるとはかぎりません。そんなときは指さしながらでもためらわずに道を尋ねてみること。あわよくば「連れて行ってあげるよ!」なんてこともあるし、それで友だちになれたりもします。

タクシー利用で限られた旅時間を有効に

> 〜までいくらですか?
> Magkano hanggang 〜?
> マグカーノ ハンガン〜

　現地語ができないとふっかけられる可能性があるので、外国でタクシーに乗るのをためらう人もいるでしょう。でも、フィリピンも今ではメーター使用が義務付けられているので、かなり安全になってきました。ちょっとした冒険だと思って、この本で紹介したフレーズを駆使して、トライしてみよう。

街を歩く

道に迷いました **Naligaw ako** ナリガウ アコ	ここはどこですか？ **Anong lugar ito?** アノン ルガール イト

北 **hilaga** ヒラーガ
西 **kanluran** カンルーラン
東 **silangan** シラーガン
南 **timog** ティーモッグ

前 **harap** ハラップ
後 **likod** リコッド

とても **talagang ~** タラガン~	遠い **malayo** マラーヨ	上側 **itaas** イタアス
それほど~ない **hindi masyadong ~** ヒンディ マシャードン~	近い **malapit** マラーピット	下側 **ibaba** イババ
あそこ **doon** ドオン	ここ **dito** ディート	そこ **diyan** ジャン

〜はどこですか?

〜に行きたい
Gusto kong pumunta sa 〜
グスト コン プムンタ サ〜

〜はどこですか?
Nasaan ang 〜?
ナサアン アン〜

商店
tindahan
ティンダーハン

デパート
department store
デパルトメント ストール

スーパーマーケット
super market
スーペル マルケット

シューマート(SM)
Shoe Mart(SM)
シューマート(エスエム)

ホテル
hotel
ホテル

レストラン
restaurant
レストーラン

カラオケレストラン
KTV / sing along
ケイティービー/シング アロング

ヘリテージホテル
Heritage Hotel
ヘリティジ ホテル

空港
airport
エルポールト

港
piyer
ピイェル

駅
istasyon(station)
イスタション(ステイション)

アヤラ駅
Ayala station
アヤーラ ステイション

銀行
bangko
バーンコ

郵便局
pos opis
ポス オピス

病院
ospital
オスピタル

どこに行きますか？
Saan ka pupunta?
サアン カ プープンタ

公園 parke (park) パルケ（パーク）	リサール公園 Rizal Park リサール パーク	ビールハウス beer house ビール ハウス

雑貨店 sari-sari istor サリサリ イストール	警察署 himpilan ng pulis ヒンピーラン ナン プリス

トイレ CR シー アール	男 lalaki ララーキ	女 babae ババーエ	遊ぶ aliwan アリーワン

食事 pagkain パグカイン	買物 pamimili パミミリ	散歩 pasyal パシャル

仕事 trabaho トラバーホ	両替 pagpapalit ng pera パグパパリット ナン ペーラ	映画を見る manood ng sine マノオッド ナン シーネ

酒を飲む uminom ng alak ウミノム ナン アラック	賭け事 sugal スガル	友達に会う makipagkita sa kaibigan マキパグキータ サ カイビーガン

乗り物

私は〜に行きたい **Gusto kong pumunta sa 〜** グスト コン プムンタ サ〜	〜で **ng naka 〜** ナン ナカ〜
飛行機 **eroplano** エロプラーノ	船（大型船） **barko** バルコ
小船 **bangka** バンカ 	3輪自転車タクシー **side car** サイド カー
バス **bus** ブス	相乗りタクシー **FX** エフ エックス
電車 **tren** トレン	トライシクル **traysikel** トライシケル
馬車 **kalesa** カレーサ	フェリー **ferry** フェーリー

～に乗る sumakay ng ～ スマカイ ナン〜	～から降りる bumaba ng ～ ブマバ ナン〜

自動車 kotse コーチェ	オートバイ motorsiklo モトルシークロ	自転車 bisikleta ビシクレータ

マニラの電車

L.R.T L.R.T エル アール ティー	L.R.T2 L.R.T2 エル アール ティー トゥー	M.R.T M.R.T エム アール ティー

～までいくらですか？ Magkano hanggang ～？ マグカーノ ハンガン〜	～ペソ ～ piso ～ピーソ

～までどれくらい時間がかかりますか？
Gaano katagal ang biyahe hanggang ～？
ガアーノ カタガル アン ビヤーヘ ハンガン〜

だいたい～分 mga ～ minuto マガ〜ミヌート	だいたい～時間 mga ～ oras マガ〜オーラス

空港・ホテル / 移動 / 買い物・観光 / 食事 / 仲良くなる / トラブル

ジープニー・タクシー

タクシー
taksi
タクシー

タクシーを呼んでください
Pakitawag nga ng taksi
パキターワッグ ガ ナン タクシー

〜に行って下さい
Sa 〜 ho
サ〜ホ

メーターを使って下さい
Pakigamit mo ang metro
パキガミット モ アン メトロ

□まで〜ペソで行って下さい
Hanggang □,
〜 piso na lang.
ハンガン □ 〜ピーソ ナ ラン

いいですか？
Okey ba sa iyo?
オーケイ バ サ イヨ

ああ いいよ
Oo, sige
オオ シゲ

ここで降ります
Dito na lang
ディート ナ ラン

メーターを使わないならここで降ります
Bababa na ako rito kung ayaw mong gamitin ang metro
バーババ ナ アコ リート クン アーヤウ モン ガミーティン アン メトロ

急いでください
Bilisan mo
ビリサン モ

遠回りしないで
Huwag ho kayong paikot-ikot
フワッグ ホ カヨン パイコット イコット

料金・交渉

〜ペソにしてよ
〜 piso na lang
〜ピーソ ナ ラン

高すぎます
Mahal naman
マハル ナマン

お願い
Sige na!
シゲ ナ

仕方ない いいよ
Sige na nga
シゲ ナ ガ

貸切
renta / arkila
レンタ / アルキラ

| ジープニー
jeepny / dyip
ジープニー / ジープ | ～行きはどこですか？
Nasaan ba ang papuntang ～?
ナサアン バ アン パプンタン～ |

| ～は通りますか？
Dadaan ba sa ～?
ダーダアン バ サ～ | ～まで
Hanggang ～
ハンガン | うん通るよ　乗りなよ
Oo, sakay na
オオ サカイ ナ |

ほら乗車賃です
Bayad o
バーヤッド オ

おつりをください
Sukli ko ho
スクリ コ ホ

止めてください
Para ho
パーラ ホ

運転手に渡して下さい
Pakiabot
パキアボット

ぶら下がるんじゃないよ！
Bawal sabit!
バーワル サビット

～はまだですか？
Malayo pa ba ang ～?
マラーヨ パ バ アン～

ちょっと詰めて下さい
Pakiurong lang ho
パキウーロン ラン ホ

～はもう通り過ぎましたか？
Lumampas na ba tayo sa ～?
ルマンパス ナ バ ターヨ サ～

～に着いたら教えて下さい
Pakituro nyo sa akin pagdating sa ～
パキトゥーロ ニョ サ アーキン パグダティン サ～

買い物・観光

気に入ったものがあれば値段を聞いてみる

いくらですか？
Magkano ito?
マグカーノ イト

　ほしいものが見つかった！　でも値札がない……なんて、ショッピングシーンにはよくあること。英語なら「How much?」ってためらわずに聞けますよね。だから、フィリピノ語でも「いくら？」をおぼえておいて、どんどん使ってみましょう。市場や露店なら、「ワラ　バン　ターワッド（やすくなりませんか？）」と値切り交渉してみるのもいいですよ。

見つからない……どこで買えるのでしょう？

~を探しています
Naghahanap ako ng ~.
ナグハハナップ アコ ナン~

　事前にチェックしておいたものが見つからないからといって、諦めるのは惜しい。そんなときにはホテルのコンシェルジュやフロントなどで聞いてみましょう。また、フィリピンの市場などではスペイン語の数字が使われる頻度が高いので、28ページのスペイン数字もチェックしておいたほうがいいでしょう。もちろん外国人の多い場所では英語もよく使われています。

トイレがない……というときのために

トイレはどこにありますか？
Nasaan ba ang CR ?
ナサアン バ アン~ シーアール

　急にトイレに行きたくなるということもままあります。トイレが見当たらなかったら、近くにいるだれかに聞いてみましょう。ちなみにフィリピノ語で「男子」はlalakiララーキ、「女子」はbabaeババーエとなっています。

数字

0	1	2	3	4
sero	isa	dalawa	tatlo	apat
セーロ	イサ	ダラワ	タトゥロ	アーパット

5	6	7	8	9
lima	anim	pito	walo	siyam
リマ	アーニム	ピト	ワロ	シヤム

10	11	12	13
sampu	labing-isa	labindalawa	labintatlo
サンプ	ラビンイサ	ラビンダラワ	ラビンタトゥロ

14	15	16	17
labing-apat	labinlima	labing-anim	labimpito
ラビンアーパット	ラビンリマ	ラビンアーニム	ラビンピト

18	19	20	30
labing-walo	labinsiyam	dalawampu	tatlumpu
ラビンワロ	ラビンシヤム	ダラワンプ	タトゥルンプ

40	50	60	70
apatnapu	limampu	animnapu	pitumpu
アーパットナプ	リマンプ	アーニムナプ	ピトゥンプ

80	90	21	36
walumpu	siyamnapu	dalawampu't isa	tatlumpu't anim
ワルンプ	シヤムナプ	ダラワンプットイサ	タトゥルムプットアーニム

67	〜百	145	600
animnapu't pito	〜 daan	sandaan apatnapu't lima	animnaraan
アーニムナプットピト	〜ダアン	サンダアン アーパットナプットリマ	アーニムナラアン

～千	1,000	2,000	10,000
～ libo	sanlibo	dalawanlibo	sampunlibo
～リーボ	サンリーボ	ダラワンリーボ	サンプンリーボ

5,678	60,900
limanlibo animnaraan pitumpu't walo	animnapunlibo't siyamnaraan
リマンリーボ アーニムナラアン ピトゥンプット ワロ	アーニムナプンリーボット シヤムナラアン

100,000	230,000
sandaanlibo	dalawandaa't tatlumpunlibo
サンダアンリーボ	ダラワンダアット タトゥルンプンリーボ

～百万	1,000,000	3,000,000
～ milyon	isang milyon	tatlung milyon
～ミリヨン	イサン ミリヨン	タトゥルン ミリヨン

序数字

一番目の	二番目の
una	ikalawa / pangalawa
ウーナ	イカラワ / パガラワ

三番目の	四番目の
ikatlo / pangatlo	ika-apat / pang-apat
イカトゥロ / パガトゥロ	イカアーパット / パンアーパット

類別詞

いくつ？	何人？	～個
Ilang ～ ?	Ilang katao ?	～ piraso(ng)
イラン＋類別詞	イラン カターオ	ピラーソ（ン）

～回	～杯（コップで）	～杯（カップで）	～組
beses	～ baso(ng)	～ tasa(ng)	～ pares
ベーセス	バーソ（ン）	ターサ（ン）	パーレス

スペイン数字・買い物

0	1	2	3
sero セーロ	uno ウーノ	dos ドス	tres トレス
4	**5**	**6**	**7**
kuwatro クワートロ	singko シーンコ	seis セイス	siyete シィェーテ
8	**9**	**10**	**11**
otso オーチョ	nuwebe ヌウェーベ	diyes ジェス	onse オーンセ
12	**13**	**14**	**15**
dose ドーセ	trese トレーセ	katorse カトールセ	kinse キーンセ
16	**17**	**18**	**19**
disiseis ジシセイス	disisiyete ジシシィェーテ	disiotso ジシオーチョ	disinuwebe ジシヌウェーベ
20	**30**	**40**	**50**
beynte ベーインテ	treynta トレーインタ	kuwarenta クワーレンタ	singkuwenta シンクウェーンタ
60	**70**	**80**	**90**
sesenta セセーンタ	setenta セテーンタ	otsenta オチェーンタ	nobenta ノベーンタ
100	**21**	**38**	
siyento シィェーント	beynte uno ベーインテ ウーノ	treynta'y otso トレーインタイ オーチョ	

～はありますか？	はい　あります	ありません
Meron ba kayong ～ ? / May ～ ba kayo?	Oho, meron ho	Wala ho
メロン バ カヨン～ / マイ～バ カヨ	オホ メロン ホ	ワラ ホ

～を見せてください	これを試着してもいいですか？
Patingin nga ng ～	Puwede bang isukat ito?
パティギン ガ ナン～	プウェーデ バン イスーカット イト

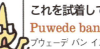

これをください	いらないです	小銭はありません
Kukunin ko ito	Huwag na	Wala akong barya
ククーニン コ イト	フワッグ ナ	ワラ アコン バリャ

これはいくらですか？	安くなりませんか？	～ペソにしてよ
Magkano ito?	Wala bang tawad?	～ piso na lang
マグカーノ イト	ワラ バン ターワッド	～ピーソ ナ ラン

OK	だめ	頼むよ！
Sige	Hindi puwede	Sige na!
シゲ	ヒンディ プウェーデ	シゲ ナ

600	700	1,000
seis siyentos	siyete siyentos	mil
セイス シィェーントス	シィェーテ シィェーントス	ミル

10,000	100,000	1,000,000
diyes mil	siyento mil	milyon
ジェス ミル	シィェーント ミル	ミリヨン

145	5678
siyento kuwarenta'y singko	singko mil sesenta siyentos setenta'y otso
シィェーント クワレーンタイ シーンコ	シーンコ ミル セセーンタ シィェーントス セテーンタイ オーチョ

時間と時計

時計 **orasan** オラサン	今何時ですか？ **Anong oras na ngayon?** アノン オーラス ナ ガヨン		〜時 **alas ~** アラス〜
1時 **ala una** アラ ウーナ	2時 **alas dos** アラス ドス	3時 **alas tres** アラス トレス	4時 **alas kuwatro** アラス クワートゥロ
5時 **alas singko** アラス シーンコ	6時 **alas seis** アラス セイス	7時 **alas siyete** アラス シイェーテ	8時 **alas otso** アラス オーチョ
9時 **alas nuwebe** アラス ヌウェーベ	10時 **alas diyes** アラス ディェス	11時 **alas onse** アラス オーンセ	12時 **alas dose** アラス ドーセ
10 **diyes** ディェス	15 **kinse** キーンセ	20 **beynte** ベーインテ	30 **treynta** トレーインタ
40 **kuwarenta** クワレンタ	50 **singkuwenta** シンクウェーンタ	半 **y medya** イ メージャ	〜時〜分 **alas ~ ~** アラス〜 〜
9時半 **alas nuwebe'y medya** アラス ヌウェーベイ メージャ		7時20分 **alas siyete beynte** アラス シイェーテ ベーインテ	

午前の **ng umaga** ナン ウマーガ	正午頃の **ng tanghali** ナン タンハーリ	午後の **ng hapon** ナン ハーポン

朝／朝の umaga /ng umaga ウマーガ／ナン ウマーガ	早朝 madaling araw マダリン アーラウ
たそがれ takipsilim タキップシーリム	夜／夜の gabi /ng gabi ガビ／ナン ガビ	真夜中 hatinggabi ハーティンガビ

〜時に起こしてください Pakigising mo ako ng alas 〜 パキギーシン モ アコ ナン アラス〜	〜時に会いましょう Magkita tayo ng alas 〜 マグキータ ターヨ ナン アラス〜

何時に出発しますか？ Anong oras ba aalis? アノン オーラス バ アアリス	何時に到着しますか？ Anong oras ba makakarating? アノン オーラス バ マカカラティン

〜に間に合いますか？ Aabot ba tayo sa 〜? アアボット バ ターヨ サ〜	間に合います Oo, aabot tayo オオ アアボット ターヨ	間に合いません Hindi tayo aabot ヒンディ ターヨ アアボット

何時間くらいかかりますか？ Mga ilang oras ba? マガ イラン オーラス バ	約〜時間 mga 〜 oras マガ〜オーラス

何分くらいかかりますか？ Mga ilang minuto ba? マガ イラン ミヌート バ	約〜分間 mga 〜 minuto マガ〜ミヌート

日付と年月

月日

1月 **Enero** エネーロ	7月 **Hulyo** フーリョ
2月 **Pebrero** ペブレーロ	8月 **Agosto** アゴースト
3月 **Marso** マールソ	9月 **Setyembre** セチェームブレ
4月 **Abril** アブリル	10月 **Oktubre** オクトーブレ
5月 **Mayo** マーヨ	11月 **Nobyembre** ノビェームブレ
6月 **Hunyo** フーニョ	12月 **Disyembre** ディシェームブレ
何曜日? **Anong araw?** アノン アーラウ	何日? **Anong petsa?** アノン ペーチャ

曜日 / 昨日・今日・明日

月曜日 **Lunes** ルーネス	今日 **ngayon** ガヨン
火曜日 **Martes** マルテス	あす **bukas** ブーカス
水曜日 **Miyerkules** ミイェールコレス	あさって **samakalawa** サマカラワ
木曜日 **Huwebes** フウェーベス	きのう **kahapon** カハーポン
金曜日 **Biyernes** ビイェールネス	昨晩 **kagabi** カガビ
土曜日 **Sabado** サーバド	おととい **kamakalawa** カマカラワ
日曜日 **Linggo** リンゴ	~月~日 **ika~ng~** イカ~ナン~

1	2	3	4	5	6
isa イサ	**dalawa** ダラワ	**tatlo** タトゥロ	**apat** アーパット	**lima** リマ	**anim** アーニム

いつ？ Kailan? カイラン	さっき kanina カニーナ	何年？ Anong taon? アノン タオン
先月 noong isang buwan ノオン イサン ブワン	あとで mamaya マーマヤ	～年後 pagkaraan ng~taon パグカラアン ナン～タオン
今月 itong buwang ito イトン ブワン イト	～日前 ~araw na nakaraan ～アーラウ ナ ナカラアン	何年間？ Ilang taon? イラン タオン
来月 sa isang buwan サイサン ブワン	～日後 pagkaraan ng~araw パグカラアン ナン～アーラウ	～年間 ~ taon ～タオン
去年 noong isang taon ノオン イサン タオン	～ヶ月前 ~buwang nakaraan ～ブワン ナカラアン	何ヶ月間？ Ilang buwan? イラン ブワン
今年 itong taong ito イトン タオン イト	～ヶ月後 pagkaraan ng ~buwan パグカラアン ナン～ブワン	～ヶ月間 ~ buwan ～ブワン
来年 sa isang taon サイサン タオン	～年前 ~ taong nakaraan ～タオン ナカラアン	～日間 ~ araw ～アーラウ

7	8	9	10	11	12
pito ピト	walo ワロ	siyam シヤム	sampu サンプ	labing-isa ラビンイサ	labin dalawa ラビンダラワ

空港・ホテル / 移動 / 買い物・観光 / 食事 / 仲良くなる / トラブル

季節と天気

季節

春	夏	秋	冬
tagsibol	tag-init	taglagas	taglamig
タグシボル	タグイーニット	タグラガス	タグラミッグ

乾季	雨季		クリスマス (12月25日)
tag-araw	tag-ulan		Pasko
タグアーラウ	タグウラン		パスコ

元旦 (1月1日)	花の5月	夏休み (3月下旬~6月上旬)
Bagong taon	Flores de Mayo	bakasyon sa paaralan
バーゴン タオン	フローレス デ マーヨ	バカション サ パアーララン

天候

天気	晴れ	くもり	雨
panahon	maaraw	maulap	ulan
パナホン	マアーラウ	マウーラップ	ウラン

小雨	台風	雷	稲妻
ambon	bagyo	kulog	kidlat
アムボン	バギョ	クロッグ	キドゥラット

洪水	火砕流	寒い	涼しい
baha	lahar	maginaw/ malamig	presko
バハッ	ラハール	マギナウ/マラミッグ	プレースコ

あたたかい	むしあつい	あつい
mainit	maalinsangan	mainit
マイーニット	マアリンサーガン	マイーニット

行事と記念日

ブラックナザレノ祭 (1月9日)
Piyesta ng itim na Nasareno sa Quiapo
ピィエースタ ナン イティム ナ ナサーレノ サ キアーポ

アティ・アティハン祭 (1月中旬)
Piyesta ng Ati-atihan
ピィエースタ ナン アティアティーハン

エドゥサ革命記念日 (2月25日)
Anibersaryo ng People Power sa Edsa
アニベルサーリョ ナン ピープル パワー サ エドッサ

聖木曜日・金曜日 (3月末〜4月上旬)
Huwebes Santo, Biyernes Santo
フウェーベス サント ビィエールネス サント

モリオネス祭 (3月〜4月の聖週間)
Piyesta ng Moriones
ピィエースタ ナン モリオーネス

勇者の日 (4月9日)
Araw ng Kagitingan
アーラウ ナン カギティーガン

ラプラプ戦勝の日 (1521年4月27日)
Araw ng pagtatagumpay ni Lapu-Lapu
アーラウ ナン パグタタグムパイ ニ ラプラプ

独立記念日 (6月12日)
Araw ng Kalayaan
アーラウ ナン カラヤアン

米比友好の日 (7月4日)
Araw ng pagkakaibigan ng Pilipino at Amerikano
アーラウ ナン パグカカイビーガン ナン ピリピーノ アット アメリカーノ

終戦記念日 (8月15日)
Ang pagtatapos ng pangalawang digmaang pandaigdig
アン パグタタポス ナン パンガラワン ディグマアン パンダイグディッグ

フィリピン命名の日 (1559年9月23日)
Pagpapangalan sa Pilipinas ng Filipinas
パグパパガーラン サ ピリピーナス ナン フィリピーナス

万聖節 (11月1日)
All Saints' day
オール セインツ デイ

死者の日 (11月2日)
Araw ng mga patay
アーラウ ナン マガ パタイ

リサール記念日 (12月30日)
Araw ni Rizal
アーラウ ニ リサール

フィリピンの名所

ルソン島 LUZON
ミンドロ島 MINDORO
レイテ島 LEYTE
パラワン島 PALAWAN
ネグロス島 NEGROS
ミンダナオ島 MINDANAO

⑤ ハンドレッドアイランド Hundred Island

島巡り
Island hopping
アイランド ホッピング

⑥ アンヘレス Angeles

経済特区
Special Economic Zone
スペシャル エコノミック ゾーン

⑦ タガイタイ Tagaytay

タール火山
Taal Volcano
タール ボルケイノ

① ビガン Vigan

スペイン建築
bahay-kastila
バーハイ カスティーラ

② ボントック Bontoc

山岳民族
tribung galing sa kabundukan
トリブン ガリン サ カブンドゥカン

③ バナウェ Banaue

棚田
Rice Terraces
ライス テラシズ

④ バギオ Baguio

避暑地
summer resort
サマー リゾート

⑧ パグサンハン Pagsanjan

滝
talon
タロン

⑨ プルエトガレラ Puerto Galera

マリン・リゾート
marine resort
マリーン レゾートゥ

⑩ マリンドゥケ Marinduque

モリオネス祭
Moriones Festival
モリオーネス フェスティバル

⑪ レガスピ Legaspi

マヨン火山
Mayon Volcano
マヨン ボルケイノ

⑫ボラカイ Boracay マリン・リゾート marine resort マリーン レゾートゥ	⑲バセイ Basey 鍾乳洞 kuweba ng batong-apog クウェーバ ナン バトン アポッグ
⑬カリボ Kalibo アティ・アティーハン祭 Ati-Atihan Festival アティアティーハン フェスティバル	⑳シアルガオ Siargao サーフィン surfin サーフィン 
⑭サンカルロス San Carlos さとうきびプランテーション tubuhan トゥブーハン 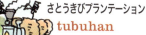	㉑カガヤン デ オロ Cagayan De Oro パイナップル畑 pinyahan ピニャーハン
⑮ドゥマゲッテ Dumaguete シリマン大学 Silliman University シリマン ユニバーシティ	㉒ダバオ Davao バナナ畑 sagingan サギーガン 
⑯セブ Cebu マリン・リゾート marine resort マリーン レゾートゥ	㉓サンボアンガ Zamboanga エキゾチックな都市 exotic city エクゾティック シティ
⑰ボホール Bohol チョコレートヒルズ Chocolate Hills チョコレート ヒルズ	㉔パラワン Palawan 希少種 rare species レア スピーシズ
⑱パミラカン島 Pamilacan Island ホエールウォッチング Whale Watching ホエール ワッチング 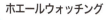	㉕エルニド El Nido ダイビング diving ダイビング

フィリピンの伝統風景

どこで見られますか？ **Saan ba puwedeng makita?** サアン バ プウェーデン マキータ	フィリピンの〜が大好きです **Gustong-gusto ko ng 〜 sa Pilipinas** グストン グスト コ ナン〜 サ ピリピーナス
水田 **palayan** パラヤン	水牛 **kalabaw** カラバウ
川辺で **sa ilog** サ イーロッグ	魚の養殖池 **palaisdaan** パライスダアン
ニッパヤシの小屋 **bahay kubo** バーハイ クーボ	スペイン建築 **arkitektura ng panahon ng Kastila** アルキテクトゥーラ ナン パナホン ナン カスティーラ
教会 **simbahan** シムバーハン	礼拝 **pagsisimba** パグシシムバ
ストリートバスケット **basketbol sa lansangan** バスケットボール サ ランサーガン	ビリヤード **bilyar** ビリャル
共同作業 **bayanihan** バヤニーハン	村祭り **barrio fiesta** バリオ フィエスタ

ここを散策してみたいです **Gusto kong mamasyal dito** グスト コン ママシャル ディート	〜を見たいです **Gusto kong makita ang 〜** グスト コン マキータ アン〜
食堂 **kainan** カイーナン	露天食堂 **turo-turo** トゥーロトゥーロ
市場 **palengke** パレーンケ	露天商 **sidewalk vendor** サイドウォーク ベンドル
トライシクル乗り場 **sakayan ng traysikel** サカヤン ナン トライシケル	乗り物のサイン **signs ng mga sasakyan** サインズ ナン マガ ササキャン
看板 **karatula** カラトゥラ	バロット売り **magbabalot** マグババロット
アイスクリーム売り **tindero ng icecream** ティンデーロ ナン アイスクリーム	タホ売り **magtataho** マグタタホ
新聞売り **magbebenta ng diyaryo** マグベベンタ ナン ジャーリョ	サンパギータ売り **mag-sasampaguita** マグササムパギータ

海と砂浜

海 **dagat** ダーガット	島 **isla/pulo** イスラ/プロ	水平線 **abot tanaw** アボットタナウ
太陽 **araw** アーラウ	雲 **ulap** ウーラップ	波 **alon** アーロン
風 **hangin** ハーギン	満潮 **laki** ラキ	干潮 **kati** カーティ

マリンスポーツ

泳ぐ **lumangoy** ルマゴイ	潜る **sumisid** スミーシッド	釣りをする **mamingwit** マミングウィット
鯨ウォッチング **whale watching** ホエールウォッチング	ウインドサーフィン **windsurfing** ウィンドサーフィン	シーウォーカー **seawalker** シーウォーカー
ヨット **yate** ヤーテ	ジェットスキー **jetski** ジェットスキー	バンカ **bangka** バンカ

水中へ

ダイビング **diving** ダイビング	足ひれ **phin** フィン	シュノーケル **snorkel** スノーケル

水中メガネ **swimming goggles** スィミング ゴーグルズ	アクアラング **aqualung** アクアラング	水着 **swimwear** スウィムウェアー

生き物

魚 **isda** イスダ	サメ **pating** パティン	海がめ **pawikan** パウィーカン
ジュゴン **dugong** ドゥーゴン	クラゲ **jellyfish** ジェリーフィッシュ	ヒトデ **starfish /isdangestrelya** スターフィッシュ／イスダン エストゥレーリャ
ナマコ **sea cucumber** シー キューカンバー	イセエビ **sugpo/lobster** スグポ／ロブスター	サンゴ **koral** コーラル

砂浜遊び

砂 **buhangin** ブハーギン	貝がら **kabibe** カビーベ	日焼け **sunog sa sikat ng araw** スーノッグ サ シカット ナン アーラウ
砂遊び **maglaro sa buhangin** マグラロ サ ブハーギン	浮き輪 **salbabida** サルバビーダ	ハンモック **duyan** ドゥーヤン

助けて！ **Saklolo!** サクローロ	溺れる **malunod** マルーノッド	痛い！ **Aray!** アライ

食事

地元の味は地元の人に聞くべし

何がおすすめですか？
Anong inirerekomenda ninyo?
アノン イニレレコメーンダ ニニョ

　美味しいお店は地元の人が一番よく知ってるはず。さて、どこで食べようかと思ったら尋ねてみましょう。おなじフィリピンでも土地がかわれば味もかわります。地域ならではの料理もたくさんあるので、郷土料理を教えてもらうのも楽しいですね。観光客向けでは味わえないお店を紹介してくれればラッキー！

おいしかった！　と伝えればみんな笑顔に

とてもおいしい！
talagang masarap
タラガン マサラップ

「おいしい」と言ってもらえるとうれしいのは、万国共通。ほんとうにおいしかったら、素直に言葉で伝えてみましょう。相手もよろこんでくれます。フィリピノ語で「お勘定お願いします」は、Tsit nga ho チットガホと言います。「~nga ho　ガホ」は「～をお願いします」という意味の決まり文句となっています。

メニューが読めなくても注文できる方法

これをください！
Bigyan mo ako ng ito
ビギャンモアコ ナンイト

レストランなどで、メニューが読めないこともあります。写真が載っているメニューなら、食べたいものを指しながら「これください」と伝えれば大丈夫です。「～をください」と料理を注文する時の一般的表現が「ビギャンモ　アコ（カミ）　ナン～」。でも、コップや皿など注文以外の「ください」は、「Pahigi nga ng~パヒギ　ガ　ナン～」となるので使い分けてください。

食事をする

食事 pagkain パグカーイン	朝食 almusal /agahan アルムサル / アガーハン	昼食 tanghalian タンハリーアン	夕食 hapunan ハプーナン

（注文で）〜をください Bigyan mo ako ng 〜 ビギャン モ アコ ナン〜	（注文以外で）〜をください Pahingi nga ng 〜 パヒギ ガ ナン〜

これ ito イト	それ iyan イヤン	お腹すいた Gutom na ako グトム ナ アコ

食器

皿 plato プラート	小皿 platito プラティート	コップ baso バーソ	カップ tasa ターサ
スプーン kutsara クチャーラ	ナイフ kutsilyo クチーリオ	フォーク tinidor ティニドル	ストロー istrow イストロウ

調味料

魚しょう patis パティス	塩 asin アシン	さとう asukal アスーカル	つけソース sawsawan サウサーワン
しょうゆ toyo トーヨ	カラマンシー Kalamansi カラマンシー	こしょう paminta パミンタ	酢 suka スーカ

味と食感

日本語	フィリピン語	カナ
おいしい	masarap	マサラップ
好き	gusto	グスト
大好き	gustong gusto	グストン グスト
きらい	ayaw	アーヤウ
甘い	matamis	マタミス
からい	maanghang	マアンハン
熱い	mainit	マイーニット
冷たい	malamig	マラミッグ
味がうすい	matabang	マタバン
味が濃い	matapang	マターパン
しょっぱい	maalat	マアーラット
すっぱい	maasim	マアーシム
苦い	mapait	マパイトゥ
油っこい	mamantika	ママンティーカ
たくさん	marami	マラーミ
すこし	konti	コンティ
かたい	matigas	マティガス
やわらかい	malambot	マラムボット
パリパリした	malutong	マルトン
新鮮な	sariwa	サリーワ
生の	hilaw	ヒラウ
熟した	hinog	ヒノッグ
おなかいっぱいです	Busog na ako	ブソッグ ナ アコ

| お勘定お願いします | Tsit nga ho | チット ガ ホ |
| いくら？ | Magkano? | マグカーノ |

軽食

ください
Pabili
パビリ

〜をください
Bigyan mo nga ako ng 〜
ビギャン モ ガ アコ ナン〜

パンシット pansit パンシット	カップヌードル cup noodle カップヌーデル	マミーヌードル mami マミー
肉まん siopao シオパオ	チマキ suman スーマン	春巻き lumpia ルムピア
朝食用パン pandesal パンデサル	パン tinapay ティナーパイ	バター mantikilya マンティキーリャ
焼き飯 sinangag シナガッグ	フィッシュボール fishball フィッシュボール	ゆでバナナ nilagang saging ニラーガン サーギン
イモ味の木 kamoteng kahoy カモーテン カーホイ	イモの串ざし kamote cue カモーテ キュー	揚げバナナ串ざし banana cue バナーナ キュー
バナナ春巻き turon トゥーロン	バロット balot バロット	ゆで玉子 nilagang itlog ニラーガン イトログ

いくらですか？ Magkano? マグカーノ	〜ペソ〜センタボ 〜 piso 〜 sentimos 〜ピーソ〜センティーモス

かたゆでのアヒルの卵 penoy ペーノイ	チチャロン chicharon チッチャロン	ガーリック味の炒めた豆 mani マニ
米製ケーキ puto プト	もち菓子 bibingka ビビーンカ	甘いもち菓子 kalamay カラーマイ
ハラヤンウベ halayang ube ハラヤン ウーベ	ヤシの実のパイ buko pie ブーコ パイ	プリン leche flan レチェ フラン
寒天のデザート gulaman グラーマン	団子入りのココナッツミルク ginataang bilo-bilo ギナタアン ビロ ビロ	ココナッツミルク味のとうもろこし ginataang mais ギナタアン マイス
シロップ味のとうふ taho タホ	ハロハロ halu-halo ハルハロ	ナタデココ nata de coco ナタ デ ココ
アイスクリーム ice cream /sorbetes アイスクリーム /ソルベーテス	ビスケット biscuit ビスキット	クッキー cookie クッキー

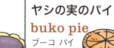

空港・ホテル / 移動 / 買い物・観光 / 食事 / 仲良くなる / トラブル

有名な料理

何を食べますか？	これは何という名前ですか？
Anong kakainin nyo?	Anong tawag dito?
アノン カカイーニン ニョ	アノン ターワッグ ディート

えびの寄せ揚げ **okoy** オーコイ	雄牛の尾のピーナッツソース煮 **kare-kare** カレカレ	ミートローフ（フィリピン風） **embutido** エムブティード
アドボ **adobo** アドーボ	カルデレータ **kaldereta** カルデレータ	メヌード **menudo** メヌード
ピナクベット **pinakbet** ピナクベット	豚の血とハツの煮込み **dinuguan** ディヌグアン	シニガン **sinigang** シニガン
緑豆のスープ **munggo** ムンゴ	チキンと青パパイヤのスープ **tinolang manok** ティノーラン マノック	ゆでた牛肉入りのスープ **nilagang baka** ニラーガン バーカ
生春巻 **lumpiyang sariwa** ルムピヤン サリーワ	揚げ春巻 **lumpiyang shanghai** ルムピヤン シャンハイ	春雨 **sotanghon** ソータンホン
パンシット **pansit** パンシット	豚のまる焼き **lechon** レチョン	トリのまる焼き **lechong manok** レチョン マノック 

| まだ注文はありますか？
 May order pa ba kayo?
 マイ オルデル パ バ カヨ | はい　まだあります
 Oo, meron pa
 オオ メロン パ | もうありません
 Wala na
 ワラ ナ |

チキンバーベキュー **barbecue** バルベキュー	かにの詰め物揚げ **relyenong alimango** レリェーノン アリマーゴ	エビの蒸し煮 **halabos na hipon** ハラボス ナ ヒーポン
エビのジューシー鉄板焼き **gambas** ガムバス	バグスのつめ物 **relyenong bangus** レリェーノン バグース	揚げ魚の甘酢あんかけ **eskabeche** エスカベッチェ
魚のビネガー煮 **paksiw na isda** パクシウ ナ イスダ	焼き魚 **inihaw na isda** イニーハウ ナ イスダ	にがうりの炒め物 **gisadong ampalaya** ギサードン アムパラヤ
バナナのつぼみの酢の物 **kilawing puso ng saging** キラウィン プーソ ナン サーギン	おかゆ **lugaw** ルーガウ	フィリピン風ソーセージ **longganisa** ロンガニーサ
牛肉の漬け焼き **tapa** ターパ	牛肉の漬け焼き＆目玉焼き＆ガーリックライス **tapsilog** タプシログ	
フィリピン風ベーコン **tocino** トシーノ	フィリピン風ベーコン＆目玉焼き＆ガーリックライス **tosilog** トシログ	

果物・飲み物

果物

～を食べたい
Gusto kong kumain ng ～
グスト コン クマーイン ナン～

果物
prutas
プルータス

日本語	フィリピン語	読み
ドリアン	duryan	ドゥリヤン
マンゴ	mangga	マンガ
マンゴスチン	manggustan/mangosteen	マングスタン/マンゴスティーン
ランブータン	rambutan	ラムブタン
ジャックフルーツ	langka	ランカ
バナナ	saging	サーギン
パパイヤ	papaya	パパーヤ
アボガド	abokado	アボカード
釈迦頭	atis	アーティス
オレンジ	dalandan	ダランダン
グアバ	bayabas	バヤーバス
パイナップル	pinya	ピニャ
メロン	milon/melon	ミロン/メロン
スイカ	pakwan	パクワン
ランソネス	lansones	ランソーネス
ぶどう	ubas	ウーバス
りんご	mansanas	マンサーナス
タマリンド	sampalok	サムパーロック
サントール	santol	サントール
チーコ	tsiko	チーコ
イチゴ	istroberi	イストロベリ

飲み物

〜を飲みたい
Gusto kong uminom ng 〜
グスト コン ウミノム ナン〜

コーラ
cola
コーラ

茶	コーヒー	ミロ	ミルク
tsaa	**kape**	**milo**	**gatas**
チャア	カペ	マイロ	ガータス

ミネラルウォーター	セブンアップ	カーリ
mineral	**Seven-up**	**cali**
ミネラル	セブンアップ	カーリ

酒

酒	ジン	ラム酒
alak	**gin**	**rum**
アーラック	ジン	ラム

トゥバ	ビール	ランバノッグ
tuba	**bir**	**lambanog**
トゥバ	ビール	ラムバノッグ

フルーツジュース

ココナッツジュース	マンゴジュース	オレンジジュース
buko juice	**mango juice**	**orange juice**
ブーコ ジュース	マンゴ ジュース	オーレンジ ジュース

パイナップルジュース	カラマンシージュース	ライチジュース
pineapple juice	**kalamansi juice**	**lychee juice**
パイナップル ジュース	カラマンシ ジュース	ライチー ジュース

〜なしでお願いします	氷	ミルク	砂糖
Walang 〜 nga	**yelo**	**gatas**	**asukal**
ワラン〜ガ	イェロ	ガータス	アスーカル

仲良くなる

出会いのフィリピノ語

名前を尋ねてもいいですか？
Puwede bang malaman ang iyong pangalan?
プウェーデ バン マラーマン アン イヨン パガーラン

　現地の人たちと知り合ったときには、仲よくなれるきっかけの言葉をしゃべりましょう。もちろん発音が完璧でなくても平気。むしろたどたどしいくらいのほうが好感をもってもらえたりしますよ。後は指さし会話帳を上手に使いこなせばすぐに親しくなれるはずです。観光地などを案内してくれる日本語ガイドさんにもおなじです。

万国共通の魔法の言葉で気分上々

ありがとう
Salamat
サラーマット

　食事をするとき、買い物をするとき、観光中……旅行中に何十回、あるいは何百回と使いたい「ありがとう」。ちょっとしたシーンでどんどん使えば、こちらも見知らぬだれかも気分がよくなります。百の美辞麗句よりも1つの「ありがとう」は、相手の笑顔を引き出す、世界共通の魔法の言葉です。

「縁」を大切に

一緒に写真を撮りましょう
Magpakuha tayo ng litrato
マグパクーハ ターヨ ナン リトラート

　元来陽気なフィリピン人は、基本的に外国人にもオープン。気軽に「○○を教えて?」って聞けば、「たやすい御用。なんでも教えてあげるぜ!」といったノリで応じてくれるでしょう。そうしたら待ってましたとばかりに「あなたのおすすめを教えて!」と聞いてみること。そうすればガイドブックにはない現地の生の情報が得られます。

自己紹介

私の名前は〜です 〜 ang pangalan ko 〜アン パガーラン コ	あなたの名前は何ですか？ Anong pangalan mo? アノン パガーラン モ
何歳ですか？ Ilang taon ka na? イラン タオン カ ナ	〜歳です 〜 taon na ako 〜タオン ナ アコ

出身はどこ？ Taga-saan ka? タガ サアン カ	私は〜出身です（〜人です） Taga- 〜 ako タガ〜アコ

日本 Japan /Hapon ジャパン／ハポン	フィリピン Pilipinas ピリピーナス	マレーシア Malaysia マラーイシア	タイ Thailand タイランド
シンガポール Singapore シンガポール	インドネシア Indonesia インドネーシア	中国 Tsina チーナ	韓国 Korea コレア

私は〜 〜 ako 〜アコ	あなたは〜 〜 ka 〜カ

結婚している may asawa マイ アサーワ	独身（男性） binata ビナータ	独身（女性） dalaga ダラーガ

シングルマザー dalagang ina ダラーガン イナ	子供がいる may anak マイ アナック

仕事は何ですか? Anong trabaho mo? アノン トラバーホ モ		私は〜です 〜 ako 〜 アコ
学生 estudyante エストゥジャーンテ	会社員 empleyado エムプレヤード	教師 guro / titser グーロ / ティーチェル
看護師 nars ナルス	介護士 care giver ケアー ギヴァー	公務員 empleyado ng gobyerno エムプレヤード ナン ゴビェールノ
警察官 pulis プリス	弁護士 (男女/女性) abogado /abogada アボガード / アボガーダ	店員 (男女/女性) tindero/tindera ティンデーロ / ティンデーラ
医師/女医 doktor/doktora ドクトル / ドクトーラ	ガードマン security guard セキュリティ ガード	農民 magsasaka マグササカ
漁師 mangi-ngisda マーギギスダ	建設現場労働者 piyon / construction worker ピヨン / コンストゥラクション ワーカー	
ミュージシャン (男女/女性) musikero /musikera ムシケーロ / ムシケーラ	歌手 mang-aawit /singer マンアアウィットゥ / シンガー	ダンサー dancer /mananayaw ダンサー / マナナヤウ
乳母 yaya ヤーヤ	お手伝いさん katulong / maid カトゥーロン / メイド	無職 walang trabaho ワラン トラバーホ

家族・友だち

私 ako アコ	私たち (話相手を含む) tayo ターヨ	私たち (話相手を含まない) kami カミ	あなた (文頭・単独形/文中形) ikaw / ka イカウ／カ
私の〜 aking 〜 / 〜 ko アーキン〜／〜コ	私たちの〜 (話相手を含む) ating 〜 / 〜 natin アーティン〜／〜ナーティン	私たちの〜 (話相手を含まない) aming 〜 / 〜 namin アーミン〜／〜ナーミン	あなたの〜 iyong 〜 / 〜 mo イヨン〜／〜モ

家族 pamilya パミリア	夫／妻 asawa アサーワ	じいさま lolo ローロ	ばあさま lola ローラ
両親 magulang マグーラン	父 tatay/itay タータイ／イタイ	母 nanay/ inay ナーナイ／イナイ	娘／息子 anak アナック
兄弟 kapatid カパティッド	兄 kuya クーヤ	姉 ate アーテ	
弟 nakababatang kapatid na lalaki ナカババータン カパティッド ナ ラーキ		妹 nakababatang kapatid na babae ナカババータン カパティッド ナ ババーエ	

親戚 kamag-anak カマグアナック	おじさん tito/tiyo ティート／ティーヨ		おばさん tita/tiya ティータ／ティーヤ
おい pamangking lalaki パマンキン ラーキ		めい pamangking babae パマンキン ババーエ	

あなたたち	彼／彼女	彼ら／彼女ら
kayo	**siya**	**sila**
カヨ	シャ	シラ

あなたたちの〜	彼の〜／彼女の〜	彼ら／彼女らの〜
inyong 〜 / 〜 ninyo	**kanyang 〜 / 〜 niya**	**kanilang 〜 / 〜 nila**
イニョン〜／〜ニニョ	カニャン〜／〜ニャ	カニラン〜／〜ニラ

いとこ	義理の父	義理の母	孫
pinsan	**biyenang lalaki**	**biyenang babae**	**apo**
ピーンサン	ビィェーナン ララーキ	ビィェーナン ババーエ	アポ

カレシ	カノジョ
boyfriend	**girlfriend**
ボーイフレンド	ガールフレンド

友人	遊び仲間	遊び友だち	クラスメート
kaibigan	**kalaro**	**barkada**	**kaklase**
カイビーガン	カラロ	バルカーダ	カクラーセ

おさななじみ	同郷人	知り合い
kababata	**kababayan**	**kakilala**
カババータ	カババーヤン	カキラーラ

上司	同僚	部下
hepe/boss/bosing	**kasamahan**	**tauhan**
ヘーペ／ボス／ボシン	カサマーハン	タウーハン

男性	女性
lalaki	**babae**
ララーキ	ババーエ

連絡をとる

～を尋ねてもいいですか？
Puwede bang malaman ang iyong ～?
プウェーデ バン マラーマン アン イヨン～

名前
pangalan
パガーラン

住所
tirahan
ティラーハン

電話番号
numero ng telepono
ヌーメロ ナン テレーポノ

Eメールアドレス
e-mail address
イーメイル アドレス

ヤフーID
yahoo ID
ヤフー アイディー

Viber（SNS）
Viber
バイバー

WhatsApp（SNS）
WhatsApp
ワッツアップ

LINE
LINE
ライン

電話
telepono
テレーポノ

携帯電話
cell phone
セル フォン

固定電話
landline
ランドライン

携帯番号と住所を教えてくれますか？
Puwede bang malaman ang cell number mo at home address?
プウェーデ バン マラーマン アン セル ナムバー モ アットゥ ホーム アドレス

ここに書いてください
Pakisulat mo nga rito
パキスーラット モ ガ リート

この住所は完全なものですか？
Kumpleto ba ang address na ito?
クムプレート バ アン アドレス ナ イト

～はフィリピン語で何て言うんですか？
Ano sa Pilipino ang ～?
アノ サ ピリピーノ アン～

～を送ります
Ipapadala ko sa iyo ang ～
イパパダラ コ サ イヨ アン～

手紙
sulat/ liham
スーラット/リーハム

Eメール
e-mail
イーメイル

写真
litrato/ picture
リトラート/ピクチャー

プレゼント
regalo
レガーロ

もしもし〜さんですか？ Hello! 〜 ba ito? ハロー バ イト	こちら〜です Si 〜 ito シ〜イト
〜さんをお願いします Puwede ba kay 〜？ プウェーデ バ カイ〜	はい　私です Oo, ako nga オオ アコ ガ

久し振り（再会したとき） Long time no see, ano? ロング タイム ノー シー アノ	久し振り（電話で） Long time no talk, ano? ロング タイム ノー トーク アノ	久し振り（チャットで） Long time no chat, ano? ロング タイム ノー チャット アノ
元気？ Kumusta ka na? クムスタ カナ	元気です mabuti naman! マブーティ ナマン	まあまあ Okey lang /Ayos lang オーケイ ラン／アーヨス ラン
元気ないです Hindi mabuti ヒンディ マブーティ	あんまり元気ないです Hindi gaanong mabuti ヒンディ ガアーノン マブーティ	何とか生きてます Buhay pa ブーハイ パ
それはよかった Buti naman kung ganon ブーティ ナマン クン ガノン	かわいそうに！ Kawawa ka naman! カワーワ カ ナマン	そうですか？ Ganoon ba? ガノオン バ
そうなんですよ Oo, ganoon na nga / Oo nga オオ ガノオン ナ ガ／オオ ガ	本当に？ Talaga? タラガ	今何してますか？ Anong ginagawa mo ngayon? アノン ギナーガワ モ ガヨン

トラブル

万が一のトラブルでも落ち着いて

泥棒だ！
Magnanakaw!
マグナナーカウ

　残念ながら、旅行者には置き引きやスリ、引ったくりの被害が多い。日本とおなじ感覚は捨てましょう。不幸にも被害にあってしまった場合、抵抗しないこと。荷物やモノはなくなっても仕方ない、くらいの気持ちが最善。海外旅行保険に入っているなら、カメラなどの高価なものも補償の対象になっている場合があるので、かならず警察で盗難証明を発行してもらいましょう。

具合が悪くなったら、まずホテルの人に

> 薬を買ってきて下さい
> **Pakibili nga ng gamot**
> パキビリ ガ ナン ガモット

　病気やケガをしたら、まずはホテルに相談してもましょう。日本語の話せる医師のいる病院などを教えてくれるでしょう。治療費は高額になることが多いのですが、海外旅行保険に入っているなら保険で支払うことができます。すぐに保険会社に連絡をして指示を受け、すみやかに診察してもらいましょう。

「ここが痛い！」症状を伝えるには

> 〜が痛い
> **masakit ang 〜**
> マサキット アン〜

　病院では、できるだけ具体的にどこが痛いのかを伝えることが大切。Masakit ang〜（マサキット　アン）「ここが痛い」と言いながら、体の痛い部分を指さしながら伝えれば大丈夫。症状や詳しい場所を訴えるのには、64ページの単語を使ってください。お薬は、処方箋を貰って薬局へ行けば買えます。

トラブル

| 助けて
Saklolo
サクローロ | 泥棒だ！
Magnanakaw!
マグナナーカウ | やめてください
Tumigil ka
トゥミーギル カ |

| ちょっと来てください
halika
ハリーカ | 急いでね
Bilisan mo ha
ビリサン モ ハ |

〜が盗まれた
Ninakaw ang 〜
ニナーカウ アン〜

〜がなくなった
Nawala ang 〜
ナワラ アン〜

| お金
pera
ペーラ | 財布
pitaka
ピターカ |

| パスポート
pasaporte
パサポールテ | 荷物
bagahe/bitbit
バガーヘ/ビットビット |

| だまされた
niloko
ニローコ | 殴られた
nabugbog
ナブッグボッグ |

| 刺された
nasaksak
ナサックサック | 撃たれた
nabaril
ナバリル | 車にひかれた
nabundol
ナブンドル |

困っています、助けてください	この番号に電話してください
May problema, tulungan mo ako! マイ プロブレーマ トゥルーガン モ アコ	Pakitawag nga sa mumewrong ito. パキターワーグ ガ ヌーメロン イト

おちついて Huminahon ka フミナーホン カ	心配しないで Huwag kang mag-alala フワッグ カン マグアララ

警察 pulis プリス	警察に捕まった nahuli ng pulis ナフーリ ナン プリス
拘置された nakulong ナクロン	保釈金 piyansa ピヤーンサ

裁判 paglilitis パグリリーティス	訴える idemanda イデマーンダ
話し合い negosasyon ネゴサション	示談 out of court settlement オウト オブ コート セトルメント

弁護士 abogado アボガード	大使館 embahada エムバハーダ	報告する mag-ulat マグウーラット

体調不良・〜が痛い

病院へ行く
pupunta sa hospital
プープンタ サ ホスピタル

救急車を呼んでください
Pakitawag ng ambulansiya
パキターワッグ ナン アムブラーンシャ

具合が悪い
Masama ang pangangatawan
マサマ アン パガーガタワン

カゼをひいた
sinipon
シニポン

熱がある
may lagnat
マイ ラグナット

食欲がない
Walang ganang kumain
ワラン ガーナン クマーイン

下痢している
nagtatae
ナグターターエ

便秘
tibi
ティビ

寒気がする
nilalamig
ニラーラミッグ

あつい
mainit
マイーニット

めまいがする
nahihilo
ナヒヒーロ

つかれた
napagod
ナパーゴッド

クルマ酔いした
nalula sa kotse
ナルーラ サ コーチェ

ケガをした
nasugatan
ナスガータン

虫に刺された
nakagat ng insekto
ナカガット ナン インセクト

症状

咳
ubo
ウボ

吐く
magsuka
マグスカ

だるい
mabigat ang katawan
マビガット アン カタワン

かゆい
makati
マカティ

貧血
kulang sa dugo
クーラン サ ドゥゴ

耳なり
ugong sa tenga
ウーゴン サ テーガ

出血
pagdurugo
パグドゥールゴ

やけど
paso
パーソ

発疹
butlig
ブトゥリッグ

薬を買ってきて下さい
Pakibili nga ng gamot
パキビリ ガ ナン ガモット

～が痛い masakit ang ～ マサキット アン～		ずきずきする makirot マキロット		
しびれる manhid マンヒッド		ひりひりする mahapdi マハプディ		うずく matinding kirot マティンディン キロット
耳 tainga /tenga タイガ / テーガ	髪 buhok ブホック	頭 ulo ウーロ	目 mata マタ	鼻 ilong イロン
首 leeg レエグ	口 bibig ビビッグ	歯 ngipin ギーピン	舌 dila ディーラ	くちびる labi ラービ
肩 balikat バリーカット	うで bisig ビーシッグ	ひじ siko シーコ	手 kamay カマイ	指 daliri ダリーリ
背 likod リコッド	腰 balakang バラカン	胸 dibdib ディブディブ	乳 suso スーソ	乳首 utong ウトン
尻 puwet/puwit プウェット / プウィット		脚 binti ビンティ	もも hita ヒータ	ひざ tuhod トゥーホッド
足 paa パア	すね lulod ルロッド	かかと sakong サーコン	男性器 titi ティーティ	女性器 pekpek/ kiki ペックペック / キーキ

空港・ホテル

移動

買い物・観光

食事

仲良くなる

トラブル

病院に行く

受付で

病院	アレルギー体質です
sa ospital（hospital） サ オスピタル(ホスピタル)	May alerdyi ako マイ アラージイ アコ
妊娠しています	保険に入っています
buntis ブンティス	May seguro ako マイ セグーロ アコ

検査

血液検査します	精密検査
dugo ay susuriin ドゥゴ アイ スースリイン	masusing susuriin マスーシン スースリイン

便の色は？	尿の色は？	白
Anong kulay ng tae? アノン クーライ ナン ターエ	Anong kulay ng ihi? アノン クーライ ナン イーヒ	puti プティ

赤	黒	黄色	茶色
pula プラ	itim イティム	dilaw ディラウ	kulaykape クーライ カペ

薬の種類

カゼ薬	腹痛薬	頭痛薬
gamot sa sipon ガモット サ シポン	gamot sa sakit ng tiyan ガモット サ サキット ナン チアン	gamot sa sakit ng ulo ガモット サ サキット ナン ウーロ

解熱薬	抗生物質
gamot sa pagpapababa ng lagnat ガモット サ パグパーパババーバ ナン ラグナット	anti-biotics アンティバイヨティックス

薬の飲み方

1日〜回
~ beses sa isang araw
〜ベーセス サ イサン アーラウ

食後〜錠
~ tabletas pagkatapos kumain
〜タブレータス パグカタポス クマーイン

診断結果

かぜ	赤痢	肝炎	肺炎
sipon	disinterya	hepataytis	pulmonya
シポン	ディシンテリャ	ヘパタイティス	プルモニア

盲腸	かいよう	食あたり	マラリア
apendiks	ulser	pagkalason	malarya
アペンディックス	ウルセル	パグカラーソン	マラーリャ

性病	デング熱	エイズ	異常なし
V.D.	dengge	AIDS	Normal ka naman
ビーディー	デーンゲ	エイズ	ノルマル カ ナマン

どのくらいで治りますか？
Gaano katagal bago gumaling?
ガアーノ カタガル バーゴ グマリン

旅行を続けられますか？
Puwede pa bang ituloy ang biyahe?
プウェーデ パ バン イトゥロイ アン ビヤーヘ

心配いりません
Huwag kang mag-alala
フワッグ カン マグアララ

すぐ治ります
Gagaling ka kaagad
ガガリン カ カアガッド

まず安静にするのがいいでしょう
Mas mabuti pang magpahinga ka muna
マス マブーティ パン マグ パヒガ カ ムーナ

やめたほうがいいでしょう
Mas mabuti pang huwag ka munang magbiyahe
マス マブーティ パン フワッグ カ ムーナン マグビヤーヘ

診断書をください
Pahingi nga ho ng sertipiko medikal
パヒギ ガ ホ ナン セルティーピコ メディカル

日本語 ⇢ フィリピノ語単語集

あ行

愛
pag-ibig
パグイービッグ

愛人
kabit
カビットゥ

愛する
mahalin
マハリン

愛する
magmahal
マグマハル

アイドル
idolo
イドロ

アイロン
plantsa
プラーンチァ

会う
magkita
マグキータ

合う
bagay
バーガイ

赤い
pula
プラ

あかちゃん
sanggol
サンゴル

明るい
maliwanag
マリワーナッグ

明るい（性格）
masayahin
マサヤーヒン

あきらめる
isuko
イスコ

飽きる
magsawa
マグサワ

握手する
kumamay
クママイ

あくび
hikab
ヒーカップ

明け方
bukang-liwayway
ブカンリワイワイ

開ける
buksan
ブクサン

上げる（上に）
iakyat
イアクヤットゥ

揚げる
iprito
イプリート

あげる（人に）
ibigay
イビガイ

あご
baba
バーバ

あこがれる
humanga
フマーガ

味
lasa
ラーサ

味見する
tikman
ティクマン

あずける
iwan
イーワン

汗
pawis
パウィス

汗をかく
pawisan
パウィーサン

遊び
paglalaro
パグラーロ

遊ぶ
maglaro
マグラロ

頭
ulo
ウーロ

頭がいい
matalino
マタリーノ

新しい
bago
バーゴ

あたり前
natural
ナトゥラル

厚い
makapal
マカパル

68

この単語集は約1700語を収録しています。旅行者にとって必要度の高い言葉を厳選してあります。もう少しくわしい話をしたい、といった時にご活用ください。

集まる
magtipon
マグティポン

集める
mangulekta
マグレクタ

当てる
tamaan
タマアン

あとで
mamaya
マーマヤ

穴
butas
ブータス

あの頃
noon
ノオン

油（食用）
mantika
マンティーカ

油（非食用）
langis
ラギス

雨に打たれる
magpaulan
マグパウラン

アメリカ
Amerika
アメリカ

あやしい
kahina-hinala
カヒナヒナーラ

あやまち
kasalanan
カサラーナン

謝る
humingi ng tawad
フミギ ナン ターワッドゥ

洗う
hugasan
フガサン

あり得ない
hindi maaari
ヒンディ マアアーリ

あり得る
posible
ポシブレ

あるいは
o
オ

あるく
maglakad
マグラカッドゥ

アルバイト
pansamantalang trabaho
パンサマンターラン トラバーホ

あれ
iyon
イヨン

安心
walang dapat ikabahala
ワラン ダパットゥ イカバハーラ

安全
ligtas
リグタス

案内する
akayin
アカーイン

胃
sikmura
シクムーラ

いい
mabuti
マブーティ

いいえ
hindi
ヒンディ

言い換えると
sa ibang salita
サ イバン サリタ

いい香り
mabango
マバゴ

いいかげん
iresponsable
イレスポンサーブレ

言う
sabihin
サビーヒン

家
bahay
バーハイ

生きる
mamuhay
マムーハイ

行く
pumunta
プムンタ

いくつ
ilan
イラン

意見
opinyon
オピニヨン

石
bato
バト**

癒し系
nakakarelaks
ナカーカレラックス

維持する
manatili
マナティリ

異常
abnormal
アブノルマル

イスラム教
muslim
ムスリム

以前
dati
ダーティ

いそがしい
abala
アバーラ

いそぐ
bilisan
ビリサン

いたい
masakit
マサキットゥ

偉大
dakila
ダキーラ

いたずら
kalikutan
カリクタン

いたずらな
malikot
マリコットゥ

炒める
igisa
イギサ

イチゴ
istroberi
イストロベリ

市場
palengke
パレーンケ

いちばん
pinaka-
ピナカ

胃腸薬
gamot sa sikmura
ガモットゥ サ シクムーラ

いつ
kailan
カイラン

いつか
balang araw
バラン アーラウ

いっしょ
sabay
サバイ

一生
habang - buhay
ハーバンブーハイ

一生懸命
masikap
マシーカップ

いっぱい
puno
プノ

一方的
isang panig
イサン パーニッグ

いつも
lagi
ラーギ

〜以内に
sa loob ng~
サ ロオブ ナン〜

いなか
probinsya
プロビーンシャ

犬
aso
アーソ

命
buhay
ブーハイ

祈り
dalangin
ダラーギン

祈る
idasal
イダサル

いばる
magyabang
マグヤーバン

違反
paglabag
パグラバッグ

いびき
hilik
ヒリック

居間
sala
サーラ

今
ngayon
ガヨン

いまいましい
buwisit
ブウィーシット

意味
kahulugan
カフルガン

イモ
kamote
カモーテ

妹
batang kapatid na babae
バータン カパティッドゥ ナ ババーエ

いもバナナ
saba
サバ

イライラする
mainis
マイニス

入り口
pasukan
パスカン

入れる ipasok イパーソック	ウエイター weyter ウェイテル	訴える idemanda イデマーンダ
色 kulay クーライ	ウエイトレス weytres ウェイトゥレス	うなじ batok バトック
いろいろな iba't-ibang イバットゥイバン	受け取り人 tumanggap トゥマンガップ	馬 kabayo カバーヨ
いわい pagdiriwang パグディリーワン	受け取る tanggapin タンガピン	生まれる ipanganak イパガナック
いわう magdiwang マグディーワン	牛 baka バーカ	産む manganak マガナック
印象 impresyon イムプレッション	うしなう mawala マワラ	裏切り者 ahas アーハス
印象づける iukit イウキットゥ	うすい manipis マニピス	占い hula フーラ
インスタントラーメン instant ramen インスタントゥ ラーメン	うそ kasinungalingan カシヌガリーガン	占い師 manghuhula マンフフーラ
インターネット・カフェ interenet cafe インターネット カフェ	うそつき sinungaling シヌガーリン	うらやましい mainggit マインギットゥ
引退する magretiro マグレティーロ	歌 kanta カンタ	ウリ pipino ピピーノ
インド India インディア	疑う magduda マグドゥーダ	売り切れ naibenta na lahat ナイベーンタ ナ ラハットゥ
インフルエンザ trangkaso トゥランカーソ	打つ paluin パルーイン	得る makuha マクーハ
インポテンツ baog バオッグ	うつくしい maganda マガンダ	売る magbenta マグベンタ
飲料水 naiinom na tubig ナイイノム ナ トゥービッグ	移す ilipat イリーパットゥ	うるさい maingay マイーガイ

うれしい
masaya
マサヤ

浮気する
makikabit
マキカビットゥ

噂
tsismis
チスミス

運がいい
suwerte
スウェールテ

運が悪い
malas
マーラス

うんざりする
magsawa
マグサワ

うんち
tae
ターエ

うんちをする
tumae
トゥマーエ

運賃
pamasahe
パマサーヘ

運転
pagmamaneho
パグママネーホ

運転する
magmaneho
マグマネーホ

運動する
mag-ehersisyo
マグエヘルシーシヨ

運命
kapalaran
カパラーラン

絵
larawan
ララーワン

エアコン
erkon
エルコン

絵（油絵など）
pinta
ピンタ

永遠に
magpakailan man
マグパカイラン マン

映画
sine
シーネ

映画館
sinehan
シネハン

映画を見る
manood ng sine
マノオッドゥ ナン シーネ

永久
magpakailanman
マグパカイランマン

影響
impluwensiya
イムプルウェーンシヤ

英語
Ingles
イングレス

英雄
bayani
バヤーニ

栄養のある
masustansiya
マススターンシヤ

えーと
di bale
ディ バーレ

えーと
kuwan
クワン

笑顔
mukhang may ngiti
ムクハン マイ ギティ

絵描き
pintor
ピントル

駅
istasyon
イスタション

選ぶ
piliin
ピリイン

エリ（襟）
manggas
マンガス

宴会
salu-salo
サルサロ

遠視
mahina ang paningin sa malapit
マヒーナ アン パニギン サ マラーピット

エンジニア
inhinyero
インヒニイェーロ

炎症
sintomas
シントマス

援助する
sumuporta
スムポルタ

エンジン
makina
マーキナ

演奏
tugtog
トゥグトッグ

演奏する
tumugtog
トゥムグトッグ

延長
pagpapahaba
パグパパハバ

延長する	起きる	おしっこする
pahabain	gumising	umihi
パハバイン	グミーシン	ウミーヒ

エンピツ	置く	おしぼり
lapis	ilagay	basang bimpo
ラピス	イラガイ	バサン ビムポ

おいしい	臆病	押す
masarap	duwag	manulak
マサラップ	ドゥワッグ	マヌーラック

追う	送る	おそい
habulin	ipadala	mabagal
ハブーリン	イパダラ	マバーガル

王様	贈る	おそくする
hari	iregalo	bagalan
ハーリ	イレガーロ	バガーラン

往復	遅れる	落ちる
～ balikang	mahuli	bumagsak
～ バリカン	マーフリ	ブマグサック

往復切符	起こす	おちんちん
balikang tiket	gisingin	titi
バリカン ティケットゥ	ギシーギン	ティティ

大きい	おこなう	夫
malaki	ganapin	asawa
マラキ	ガナピン	アサーワ

大きさ	怒られる	おつり
sukat	pagalitan	sukli
スカットゥ	パガリータン	スクリ

おおげさ	怒る	おでき
pagpapalabis	magalit	pigsa
パグパパラビス	マガーリットゥ	ピグサ

オートバイ	おごる	お手伝いさん
motorsiklo	ilibre	katulong
モトルシークロ	イリブレ	カトゥーロン

おかず	惜しい	音
ulam	sayang	tunog
ウラム	サーヤン	トゥノッグ

おカネ	教える	男の子
pera	magturo	batang lalaki
ペーラ	マグトゥーロ	バータン ララーキ

お気に入り	おしっこ	落とす
kursonada	ihi	ibagsak
クルソナーダ	イーヒ	イバグサック

73

訪れる
dumalaw
ドゥマーラウ

おとな
maysapatnagulang
マイ サパットゥ ナ グーラン

おとなしい
tahimik
タヒーミック

踊り
sayaw
サヤウ

踊る
sumayaw
スマヤウ

おどろく
magulat
マグーラットゥ

お腹が一杯
busog
ブソッグ

お腹がすく
magutom
マグトム

同じ
pareho
パレーホ

オナニー
bate-bate
バテバテ

おなら
utot
ウトットゥ

オバケ
multo
ムルト

覚えている
matandaan
マタンダアン

おまえ
ikaw
イカウ

お守り
anting-aiting
アンティン アンティン

おめでとう!
maligayang bati !
マリガーヤン バーティ

重い
mabigat
マビガットゥ

思い出
alaala
アラアーラ

思う
mag-akala
マグアカーラ

重さ
timbang
ティムバン

おもしろい
kawili-wili
カウィリウィリ

おもちゃ
laruan
ラルアン

表
harapan
ハラパン

親
magulang
マグーラン

親孝行
pag-aalaga sa mga magulang
パグアアーラガ サ マガ マグーラン

泳ぐ
lumangoy
ルマーゴイ

およそ〜
mga ~
マガ

降りる
bumaba
ブマバ

折る
balian
バリーアン

俺
ako
アコ

終わり
katapusan
カタプサン

恩
utang na loob
ウータン ナ ロオブ

音楽
musika
ムーシカ

温泉
mainit na bukal
マイーニットゥ ナ ブカル

温度
temperatura
テムペラトゥーラ

か 行

カーテン
kurtina
クルティーナ

〜回
~ beses
ベーセス

〜階
pang ~ palapag
パン〜パラパッグ

海岸
dalampasigan
ダラムパシーガン

会議
komperensiya
コムペレンシヤ

解決する
malutas
マルタス

外見	変える	菓子
dating	baguhin	mamon
ダティン	バグーヒン	マモン

外国	顔	家事
ibang bansa	mukha	gawaing-bahay
イバン バンサ	ムクハ	ガワインバーハイ

外国人	鏡	火事
dayuhan	salamin	sunog
ダユーハン	サラミン	スーノッグ

開催する	カギ	貸す
ganapin	susi	pahiram
ガナピン	スーシ	パヒラム

改札口	書留	数
ticket gate	registered mail	numero
ティケットゥ ゲート	レジスタード メイル	ヌーメロ

会社	かきまぜる	風
kumpanya	haluin	hangin
クムパニャ	ハルーイン	ハーギン

会社員	書く	風邪
empleyado	magsulat	sipon
エムプレヤード	マグスーラットゥ	シポン

懐中電灯	学生	数える
plaslayt	estudyante	bilangin
プラスライトゥ	エストゥジャーンテ	ビラーギン

回復する	かくれる	家族
gumaling	magtago	pamilya
グマリン	マグターゴ	パミリャ

会話	賭けごと	ガソリン
pag-uusap	sugal	gasolina
パグウウサップ	スガル	ガソリーナ

会話する	過去	ガソリンスタンド
mag-usap	nakaraan	gasolinahan
マグウサップ	ナカラアン	ガソリナーハン

飼う	カサ	肩
mag-alaga	payong	balikat
マグアラーガ	パーヨン（グ）	バリーカットゥ

買う	火山	硬い
bumili	bulkan	matigas
ブミリ	ブルカン	マティガス

返す	歌詞	形
isauli	liriko	hugis
イサウーリ	リーリコ	フーギス

日本語	Tagalog	カタカナ
かたづける	ayusin	アユーシン
片道	one way	ワン ウェイ
家畜	hayop	ハーヨップ
勝つ	manalo	マナーロ
楽器	instrumento	インストゥルメント
活気のない	matamlay	マタムライ
カッコイイ	makisig	マキーシッグ
学校	eskuwelahan	エスクウェラハン
褐色人種	kayumanggi	カユマンギ
活発	aktibo	アクティーボ
カップ	tasa	ターサ
蚊取り線香	katol	カトル
カトリック信者	katoliko	カトーリコ
カナダ	Canada	キャナダ
必ず	sigurado	シグラード
カニ（黒・大）	alimango	アリマーゴ
カニ（小）	alimasag	アリマーサグ
カネ (money)	pera	ペーラ
金持ち	mayaman	マヤーマン
可能	posible	ポシブレ
カボチャ	kalabasa	カラバーサ
我慢する	magtiis	マグティイス
我慢強い	matiyaga	マティヤガ
紙	papel	パペル
神	Diyos	ディヨス
カミソリ	pang-ahit	パンアーヒットゥ
噛む	makagat	マーカガットゥ
かゆい	makati	マカティ
～から	mula~	～ムラ
辛い	maanghang	マアンハン
ガラス	bubog	ブーボッグ
からだ	katawan	カタワン
借りる	humiram	フミラム
軽い	magaan	マガアン
カレンダー	kalendaryo	カレンダーリョ
川	ilog	イーロッグ
皮	balat	バラットゥ
かわいそう	kawawa	カワーワ
乾かす	patuyuin	パトゥユイン
乾く	matuyo	マトゥヨ
変わり者	di-pangkaraniwang tao	ディパンカラニーワン タオ
代わる	palitan	パリタン

日本語	Tagalog	カタカナ
変わる	magbago	マグバーゴ
皮をむく	balatan	バラタン
ガン	kanser	カンセル
簡易食堂	canteen	キャンティーン
考え	akala	アカーラ
考える	mag-akala	マグアカーラ
環境	kapaligiran	カパリギラン
関係	ugnayan	ウグナーヤン
頑固	matigas ang ulo	マティガス アン ウーロ
観光	sight seeing	サイトゥ シーイング
観光客	turista	トゥーリスタ
看護婦	nars	ナルス
患者	pasyente	パシェーンテ
感覚	pandamdam	パンダムダム
感謝する	magpasalamat	マグパサラーマットゥ
勘定する	bilangin	ビラーギン
感心する	humanga	フマーガ
(〜に) 関する	ukol sa 〜	ウーコル サ 〜
完全	ganap	ガナップ
完全に	lubusan	ルブーサン
感想	palagay	パラガイ
肝臓	atay	アタイ
乾燥した	tuyo	トゥヨ
簡単	madali	マダリ
缶づめ	de lata	デ ラータ
乾杯	mabuhay	マブーハイ
がんばる	magsumikap	マグスミーカップ
がんばれ!	pagbutihin ninyo!	パグブティーヒン ニニョ
木	punong-kahoy	プーノンカーホイ
気温	temperatura	テンペラトゥーラ
気が合う	magkasundo	マグカスンド
機会	pagkakataon	パグカカタオン
機械	makina	マーキナ
着替える	magbihis	マグビーヒス
気が重い	mabigat ang pakiramdam	マビガットゥ アン パキラムダム
気が長い	pasensyoso	パセンショーソ
気が楽になる	gumaan ang pakiramdam	グマアン アン パキラムダム
飢饉	pagkakagutom	パグカカグトム
効く	mabisa	マビーサ
聞く	makinig	マキニッグ
危険	panganib	パガーニブ

機嫌がいい
mabuti ang kalooban
マブーティ アン カロオバン

機嫌が悪い
masama ang kalooban
マサマ アン カロオバン

危険な
delikado
デリカード

気候
klima
クリーマ

帰国する
bumalik sa sariling bayan
ブマリック サ サリーリン バーヤン

キス
halik
ハリック

傷
sugat
スーガットゥ

傷つける
masugatan
マスガータン

季節
panahon
パナホン

規則
alituntunin
アリトゥントゥーニン

期待する
umasa
ウマーサ

帰宅する
umuwi
ウムウィ

きたない
marumi
マルミ

きつい
masikip
マシキップ

祈祷師
paladalangin
パラダラーギン

機内持ち込み
hand carry
ハンドゥ キャリー

気にしない
bale-wala
バーレワラ

気にしないで
di bale na lang
ディ バーレ ナ ラン

気になる
mang-inis
マンイニス

記入する
sulatan
スラータン

気に入る
magustuhan
マーグストゥハン

希望
pag-asa
パグアーサ

希望する
umasa
ウマーサ

義務
pagpilit
パグピリットゥ

気難しい
masungit
マスギット

決める
magpasya
マグパシャ

気持ち
damdamin
ダムダーミン

気持ちいい
masarap ang pakiramdam
マサラップ アン パキラムダム

気持ち悪い
masama ang pakiramdam
マサマ アン パキラムダム

客
mamimili
マーミーミーリ

キャベツ
repolyo
レポーリョ

キャロリング
karoling
カロリン

キャンセルする
kanselahin
カンセラーヒン

キャンセル待ちする
hintayin ang pagkansela
ヒンタイン アン パグカンセーラ

求愛する
manligaw
マンリーガウ

休暇
bakasyon
バカション

救急車
ambulansya
アムブランシャ

休憩
pahinga
パヒガ

急行列車
expresstrain
エクスプレス トレイン

休日
pista opisyal
ピスタ オ ピシャル

キュート
kyut
キュート

急に
bigla
ビグラ

牛乳
gatas
ガータス

キュウリ
pipino
ピピーノ

給料
suweldo
スウェルド

教育
edukasyon
エドゥカション

教会
simbahan
シムバーハン

教会（カトリック以外）
kapilya
カピーリャ

行儀がいい
kumilos ng tama
クミロス ナン ターマ

行儀が悪い
kumilos ng masama
クミロス ナン マサマ

強壮剤
pampalakas
パムパラカス

鏡台
aparador
アパラドル

興味がある
interesado
インテレサード

協力
kooperasyon
コオペラション

許可する
magpahintulot
マグパヒントゥーロットゥ

許可を求める
humungi ng permiso
フムギ ナン ペルミーソ

きらい
ayaw
アーヤウ

キリスト教
kristiyanismo
クリスティヤニースモ

キリスト教徒
kristiyano
クリスティヤーノ

切る
putulin
プトゥーリン

着る
magsuot
マグスオットゥ

きれいな
maganda
マガンダ

気をつける
mag-ingat
マグイーガットゥ

禁煙する
umiwas sa paninigarilyo
ウミーワス サ パニニガリーリョ

緊急
biglang pangangailangan
ビグラン パガガイラーガン

緊急
madalian
マーダリアン

銀行
bangko
バーンコ

禁止
bawal
バーワル

近視
mahina ang paningin sa malayo
マヒーナ アン パニギン サ マラーヨ

近所
kapitbahay
カピットゥバーハイ

近代化する
ipabago
イパバーゴ

緊張する
nerbiyusin
ネルビューシン

筋肉
kalamnan
カラムナン

勤勉な
masipag
マシーパッグ

食いしんぼう
matakaw
マターカウ

偶然
nang hindi sinasadya
ナン ヒンディ シナーサジャ

空腹をやり過ごす
magpalipas ng gutom
マグパリパス ナン グートム

暗い
madilim
マディリム

くさい
mabaho
マバホ

腐る
bulok
ブロック

くし（櫛）
suklay
スクライ

くしゃみ bahin バヒン	**口説く** akitin アキーティン	**苦しめる** pahirapan パヒラーパン
苦情 reklamo レクラーモ	**国** bansa バンサ	**くわしい** alam na alam アラム ナ アラム
苦情を言う magreklamo マグレクラーモ	**首になる（解雇）** masisante マシサンーテ	**軍人** sundalo スンダーロ
くすぐったい kiliti キリティ	**くもり** maulap マウーラップ	**経営する** mamahala ママハーラ
薬 gamot ガモットゥ	**クラスメート** kaklase カクラーセ	**計画する** magplano マグプラーノ
薬屋 botika ボティーカ	**比べる** ihambing イハムビン	**経験** karanasan カラナーサン
糞 tae ターエ	**グラム** gramo グラーモ	**警察** pulis プリス
口 bibig ビビッグ	**繰り返し** paulit-ulit パウーリットウーリット	**計算する** kalkulahin カルクラーヒン
口がうまい magalingmagsalita マガリンマグサリタ	**クリスマス** pasko パスコ	**芸術** sining シーニン
口が軽い madaldal マダルダル	**クリスマス・プレゼント** pamasko パマスコ	**軽傷** hindi lubhang sugatan ヒンディ ルブハン スガータン
口が悪い masama ang tabas ng dila マサマ アン タバス ナン ディーラ	**来る** dumating ドゥマティン（グ）	**携帯電話** cellular phone セルラルフォーン
靴 sapatos サパートス	**黒い** itim イティム	**競馬** karera ng kabayo カレーラ ナン カバーヨ
くつした medyas メジャース	**苦労する** maghirap マグヒーラップ	**軽べつ** paglait パグライトゥ
くっつける idikit イディキットゥ	**加える** dagdagan ダグダガン	**軽べつする** laitin ライーティン

日本語	Tagalog	カナ

ゲーム
laro
ラロ

外科
surgery
サージャリー

ケガ
sugat
スーガットゥ

ケガをする
sugatan
スガータン

劇場
teatro
テアートゥロ

景色
tanawin
タナーウィン

消しゴム
pambura
パムブーラ

化粧する
mag-meyk-up
マグメイクアップ

化粧品
meyk-up
メイクアップ

消す
burahin
ブラヒン

けち
kuripot
クリーポットゥ

結果
resulta
レスールタ

月経
regla
レーグラ

結婚
kasal
カサル

結婚式
kasalan
カーサーラン

結婚する
ikasal
イカサル

ゲップ
dighay
ディグハイ

けむり
usok
ウーソック

下痢どめ
gamot sa pagtatae
ガモットゥ サ パグタタエ

ける
manipa
マニーパ

原因
dahilan
ダヒラン

ケンカ
pag-aaway
パグアーアーワイ

ケンカ相手
kaaway
カアーワイ

ケンカする
mag-away
マグアーワイ

元気
malusog
マルソッグ

言及する
banggitin
バンギティン

健康
kalusugan
カルスガン

現在
kasalukuyan
カサルクーヤン

現地の
lokal
ローカル

濃い
matapang
マターパン

恋
pag-ibig
パグイービッグ

恋する
umibig
ウミービッグ

仔犬
tuta
トゥータ

恋人
kasintahan
カーシンターハン

工具
manggagawa sa pabrika
マンガガーワ サ パーブリカ

効果
bisa
ビーサ

後悔する
magsisi
マグシーシ

合格
pagpasa
パグパサ

睾丸
bayag
バヤッグ

交換する
magpalit
マグパリットゥ

好奇心
kuryosidad
クリョシダッドゥ

抗議する
magprotesta
マグプロテスタ

航空会社
kumpanyang panghimpapawid
クムパニャン パンヒムパパウィッドゥ

航空券
tiket sa eroplano
ティケットゥ サ エロプラーノ

航空便
airmail
エル メイル

高血圧
mataasangdugo
マタアス アンドゥゴ

口座
account
アカウントゥ

口座番号
account number
アカウントゥ ナムバー

公衆電話
pampublikong telepono
パムプーブリコン テレーポノ

公衆トイレ
pampublikong palikuran
パムプーブリコン パーリクラン

こうしよう
ganito na lang
ガニト ナ ラン

交渉する
makipag-usap
マキパッグウサップ

香辛料
paminta
パミンタ

香水
pabango
パバゴ

洪水
baha
バハ

交通
trapiko
トゥラーピコ

強盗にあった
na-holdap
ナホウルドゥアップ

幸福な
maligaya
マリガーヤ

興奮
pagpukaw
パグプーカウ

興奮する
pumukaw
プムーカウ

公平な
makatarungan
マカタルーガン

声
boses
ボーセス

声が大きい
malakas ang boses
マラカス アン ボーセス

声が小さい
mahina ang boses
マヒーナ アン ボーセス

越える
humigit
フミギットゥ

氷
yelo
イェーロ

誤解する
maunawaan sa pagkakamali
マーウナワーアン サ パグカーカマリ

小切手
tseke
チェーケ

故郷
bayan
バーヤン

国際電話
obersis kol
オーベルシス コル

こげる
masunog
マスーノッグ

ココナッツの実
niyog
ニヨッグ

ココナッツプランテーション
niyugan
ニューガン

ココナッツミルク
gata
ガタ

ココヤシの木
niyog
ニヨッグ

ココヤシの森
niyugan
ニューガン

心
puso
プーソ

小雨
ambon
アムボン

乞食
pulubi
プルービ

ご愁傷さまです
nakikiramay ako sa iyo
ナキキラーマイ アコ サ イヨ

小包
pakete
パケーテ

個性的
kakaiba
カカイバ

小銭
barya
バリャ

答える
sumagot
スマゴットゥ

コック
tagapagluto
タガパグルート

こっけいな
nakakatawa
ナカーカタワ

ゴツゴツした
magaspang
マガスパン

骨折
pagbali ng buto
パグバーリ ナン ブト

コップ
baso
バーソ

孤独
kalungkutan
カルンクータン

ことば
salita
サリタ

こども
bata
バータ

こどもっぽい
asal bata
アーサル バータ

ことわざ
kasabihan
カサビハン

ことわる
tumanggi
トゥマンギ

子猫
kuting
クティン

この
nito
ニト

このように
tulad nito
トゥーラッドゥ ニト

ごはん
kanin
カーニン

コピーする
i-kopya
イコービャ

ゴミ
basura
バスーラ

米
bigas
ビガス

これ
ito
イト

殺す
patayin
パタイン

ころぶ
madapa
マダパ

こわい
matakot
マターコットゥ

こわす
sirain
シラーイン

こわれる
masira
マシーラ

今月
itong buwang ito
イトン ブワン イト

混血の
mestisa
メスティーサ

混雑する
punong-puno ng ~
プノンプノ ナン~

今週
itong linggong ito
イトン リンゴン イト

コンセント
saksakan ng kuriyente
サークサカン ナン クリィェーンテ

今度（次回）
sa susunod na pagkakataon
サ スースノッドゥ ナ パグカカータオン

今晩
ngayong gabi
ガヨン ガビ

婚約
kasunduang-kasal
カースンドゥーアン カサル

さ 行

さあ行こう
tara na
タラ ナ

再会する
muling magkita
ムリン マグキータ

最近
kamakailan
カマカイラン

最後
huli
フーリ

最初
una
ウーナ

才能
kakayahan
カカヤハン

サイン
pirma
ピルマ

探す hanapin ハナーピン	ザラザラした magaspang マガスパン	試合 labanan ラバナン
さがる umatras ウマトゥラス	さわる hipuin ヒプーイン	しあわせ kaligayahan カリガヤーハン
咲く mamulaklak マムラクラック	参加する sumali スマーリ	塩 asin アシン
酒飲み lasinggero ラシンゲーロ	～さん（男性） Ginoong ～ ギノオン	仕送りする ipadala ang pera イパダラ アン ペーラ
さけぶ sumigaw スミガウ	～さん（女性） Ginang ～ ギナン	市外局番 area code エアリア コード
ささやき bulong ブロン	～さん（未婚女性） Binibining ～ ビニビーニン	しかし pero ペーロ
ささやく bumulong ブムロン	算数 matematika マテマーティカ	時間 oras オーラス
差出人 nagpadala ナグパダラ	サンダル tsinelas チネーラス	試験 eksamin エクサーメン
指す ituro イトゥーロ	残念 sayang サーヤン	事故 aksidente アクシデーンテ
さそう yayain ヤヤーイン	散髪 pagpapagupit パグパパグピットゥ	仕事 trabaho トゥラバーホ
さっき kanina カニーナ	産婦人科 gynecologist ガイネ コロジスト	時差 pagkakaiba ng oras パグカカイバ ナン オーラス
さつまいも kamote カモーテ	散歩する mamasyal ママシャル	辞書 diksiyunaryo ディクシユナーリョ
さびしい malungkot マルンコットゥ	市 lunsod ルンソッドゥ	自信 tiwala sa sarili ティワーラ サ サリーリ
さます palamigin パラミギン	詩 tala タラ	自身 sarili サリーリ

地震 lindol リンドル	**質問する** magtanong マグタノン	**しまう** itago イターゴ
しずか tahimik タヒーミック	**自転車** bisikleta ビシクレータ	**しまった！** naku! ナク
沈む lumubog ルムボッグ	**自動車** kotse コーチェ	**自慢する** magmalaki マグマラキ
舌 dila ディーラ	**自動的に** kusa クーサ	**地味な** ordinaryo オルディナーリョ
時代遅れ makaluma マカルーマ	**自動販売機** vending machine ヴェンディング マシーン	**事務所** tanggapan タンガーパン
下着 damit na panloob ダミットゥ ナ パンロオブ	**死ぬ** mamatay ママタイ	**氏名** pangalan パガーラン
試着する isukat イスーカットゥ	**支配人** manedyer マネジェル	**閉める** magsara マグサラ
時刻表 talaan ng orasan タラアン ナン オラサン	**しばしば** madalas マダラス	**地面** balat ng lupa バラットゥ ナン ルーパ
しつこい makulit マクーリットゥ	**自発的に** kusa クーサ	**釈迦** buda ブダ
実際 kung sa bagay クン サ バーガイ	**しばる** itali イターリ	**社会** lipunan リープーナン
嫉妬 pagseselos パグセセーロス	**しびれる** manhid マンヒッドゥ	**ジャガイモ** patatas パタータス
実は sa totoo lang サ トトオ ラン	**神経質** nerbiyosa ネルビヨーサ	**市役所** munisipyo ムニシーピョ
失敗する mabigo マビゴ	**脂肪** taba タバ	**蛇口** gripo グリーポ
質問 tanong タノン	**しぼる** pigain ピガイン	**写真** litrato リトゥラート

社長　presidente　プレシデーンテ	集中力　konsentrasyon　コンセントゥラシヨン	出発する　umalis　ウマリス
シャツ　kamisadentro　カミサデーントゥロ	収入　kita　キータ	授乳する　dedehin【俗】　デーデヒン
借金　utang　ウータン	充分　husto　フスト	主婦　may-bahay　マイバーハイ
しゃっくり　sinok　シノック	修理する　kumpunihin　クムプニヒン	趣味　libangan　リーバーガン
じゃまをする　mang-abala　マンアバーラ	宗教　relihiyon　レリヒヨン	種類　klase　クラーセ
シャワー　dutsa　ドゥーチャ	授業　klase　クラーセ	準備する　maghanda　マグハンダ
シャンプーする　magsiyampu　マグシャムプ	宿題　takdang-aralin　タクダンアラリン	賞　gantimpala　ガンティムパーラ
州　lalawigan　ララウィーガン	手術　operahan　オペラハン	紹介する　ipakilala　イパキラーラ
習慣　kaugalian　カウガリアン	首相　kataas-taasang ministro　カタアスタアサン ミニストゥロ	正月　bagong taon　バーゴン タオン
十字架　krus　クルス	出国　embarcation　エムバーケイション	乗客　pasahero　パサヘーロ
ジュース　juice　ジュース	出国カード　embarcationcard　エムバーケイションカードゥ	証拠　ebidensya　エビデーンシャ
自由席　hindi reserbadong upuan　ヒンディ レセルバードン ウプーアン	出産　panganganak　パガガナック	正直な　matapat　マタパットゥ
渋滞　trapik　トゥラピック	出版　publikasyon　プブリカション	上手　mahusay　マフーサイ
集中する　isipingmabuti　イシピン マブーティ	出発時間　orasngalis　オーラス ナン アリス	じょうだん　biro　ビーロ

商売
pangangalakal
パガカラーカル

じょうぶ
matibay
マティーバイ

情報
impormasyon
イムポルマション

正面
tapat
タパットゥ

しょうゆ
toyo
トーヨ

将来
kinabukasan
キナブカーサン

性悪の（女）
maldita
マルディータ

食事
pagkain
パグカーイン

植物
halaman
ハラーマン

食欲
ganang kumain
ガーナン クマーイン

女性
babae
ババーエ

女性用
pambabae
パムババーエ

少年
binatilyo
ビナティーリョ

書類
dokumento
ドクメントゥ

シラミ
kuto
クト

知る
malaman
マラーマン

白
puti
プティ

シングルルーム
kuwartong pang-isahan
クワールトン パンイサハン

神経
nerbiyos
ネールビヨス

神経質
nerbiyoso
ネルビヨーソ

信仰
pananampalataya
パナナムパラターヤ

申告
deklarasyon
デクララション

新婚
bagong kasal
バーゴン カサル

新婚旅行
pulot-gata
プロットゥ ガタ

真実
katotohanan
カトトーハーナン

信じる
maniwala
マニワーラ

親戚
kamag-anak
カマッグアナック

心臓
puso
プーソ

身長
taas
タアス

心配する
mag-alala
マグアララ

神父
pari
パーリ

新聞
diyaryo
ジャーリョ

診察
pagpapatingin
パグパパティギン

水泳
paglangoy
パグラゴイ

水道
gripo
グリーポ

スーツ
amerikana
アメリカーナ

スーツケース
maleta
マレータ

スーパーマーケット
supermarket
スーペルマルケットゥ

スープ
sabaw
サバウ

末っ子
bunso
ブンソ

スカート
palda
パールダ

すぐに
kaagad
カアガッドゥ

しゃ〜すぐ

日本語	Tagalog	カナ
すごい	grabe	グラーベ
すこし	kaunti	カウンティ
すこしずつ	unti unti	ウンティ ウンティ
すずしい	presko	プレースコ
スター	bituin	ビトゥイン
頭痛の種	sakit ng ulo	サキット ナン ウーロ
素敵な	maganda	マガンダ
すでに	na	ナ
すてる	magtapon	マグターポン
素直	masunurin	マスヌーリン
スニーカー	gomang sapatos	ゴーマン サパートス
すばらしい	maganda	マガンダ
スピード	bilis	ビリス
(肌が) スベスベ	makinis	マキニス
すべて	lahat	ラーハット
すべりやすい	madulas	マドゥラス
すべる	dumulas	ドゥムラス
ズボン	pantalon	パンタロン
住む	tumira	トゥミラ
スリーサイズ	vital statistics	バイタル スタティスティクス
すわる	umupo	ウムポ
姓	apelyido	アペリードゥ
性格	ugali	ウガーリ
正確な	eksakto	エクサークト
生活	buhay	ブーハイ
正義	katarungan	カタルーガン
清潔な	malinis	マリーニス
聖書	bibliya	ビーブリヤ
精神	kaluluwa	カールルワ
成績	grado	グラード
製造業	industrya ng paggawa	インドゥストゥリャ ナン パグガワ
成長	paglaki	パグラキ
青年	kabataan	カバタアン
性病	VD	ヴィーディー
政府	pamahalaan	パーマハラアン
セールスマン	ahente	アヘーンテ
背負う	pasanin	パサーニン
世界	daigdig	ダイグディッグ
咳	ubo	ウボ
席	upuan	ウーブーアン
責任がある	may responsibilidad	マイ レスポンシビリダッドゥ
せっかちな	mainipin	マイーニーピン

日本語	Tagalog	カタカナ

セッケン — sabon — サボン

説明 — pagpapaliwanag — パグパパリワーナッグ

説明する — magpaliwanag — マグパリワーナッグ

節約する — magtipid — マグティピッドゥ

せまい — makipot — マキーポットゥ

責める — magsisi — マグシーシ

セロテープ — scotch tape — スコッチ テープ

世話する — mag-alaga — マグアラーガ

線 — linya — リーニャ

洗顔する — maghilamos — マグヒラーモス

洗剤 — sabong panlaba — サボン パンラバ

先日 — noong araw — ノオン アーラウ

選手 — manlalaro — マンラララロ

先進国 — umunlad na bansa — ウムンラッドゥ ナ バンサ

先生 — guro — グーロ

洗濯 — paglalaba — パグララバ

洗濯機 — makinang panlaba — マーキナン パンラバ

洗濯もの — labada — ラバーダ

専門学校 — bokasyunal — ボカシュナル

洗礼式 — binyag — ビニャッグ

洗礼を受ける — binyagan — ビニャガン

そういうことなら — e di — エ ディ

操作 — andar — アンダル

操作する — magpaandar — マグパアンダル

そうじ — paglilinis — パグリリーニス

想像する — ilarawan — イララーワン

早朝 — madaling araw — マダリン アーラウ

そうなの? — ganoon ba? — ガノオン バ

そうね — kung sa bagay — クン サ バーガイ

送別会 — dispedida — ディスペディーダ

臓物 — goto — ゴート

僧侶 — pari — パーリ

ソース — sawsawan — サウサーワン

速達 — special delivery — スペシャル デリヴァリー

そして — at saka — アッチャカ

そだてる — magpalaki — マグパラキ

卒業 — pagtatapos ng pag-aaral — パグタタポス ナン パグアアーラル

卒業する — magtapos ng pag-aaral — マグタポス ナン パグアアーラル

外に出る — lumabas — ルマバス

祖父 — lolo — ローロ

祖母 — lola — ローラ

すご〜そぼ

剃る	ダイエット	態度がよい
ahitin	diyeta	disiplina
アヒーティン	ディイェータ	ディシプリーナ

それ	体温計	態度が悪い
iyan	termomiter	bastos
イヤン	テルモーミテル	バストス

それから	大学	台所
tapos	unibersidad	kusina
タポス	ウニベルシダッドゥ	クシーナ

それじゃ	大工	題名
e di	karpintero	titulo
エ ディ	カルピンテーロ	ティートゥロ

それでも	たいくつ	高い（高さ）
gayon pa man	mainip	mataas
ガヨン パ マン	マイニップ	マタアス

それら	大根	高い（値段）
ang mga iyan	labanos	mahal
アン マガ イヤン	ラバーノス	マハル

損害	大使館	宝くじ
pagkasira	embahada	swipistik
パグカシラ	エムバハーダ	スウィブイスティック

尊敬	体重	抱く
respeto	timbang	yakapin
レスペート	ティムバン	ヤカーピン

尊敬する	代償	たくさん
respetuhin	kabayaran	marami
レスペトゥヒン	カバヤラン	マラーミ

損する	退職	竹
malugi	pagreretiro	kawayan
マルーギ	パグレレティーロ	カワーヤン

尊大な	耐水性	たしかめる
mataray	di tatagusan ng tubig	siguraduhin
マターライ	ディ テータグサン ナン トゥービッグ	シグラドゥーヒン

た行

退院	大切	足す
paglabas sa ospital	mahalaga	dagdagan
パグラバス サ オスピタル	マハラガ	ダグダガン

ダイエット	たいてい	たすける
dieta	pang-karaniwan	tumulong
ディエータ	パンカラニーワン	トゥムーロン

	大統領	たそがれ
	pangulo	takipsilim
	パングーロ	タキップシーリム

たたく
paluin
パルーイン

正しい
tama
ターマ

たたむ
tiklupin
ティクルピン

立入禁止
bawal pumasok
バーワル プマーソック

立つ
tumayo
トゥマヨ

脱毛
pagbubunot ng mga buhok
パグブブノットゥ ナン マガ ブホック

縦
patayo
パタヨ

建てる
magtayo
マグタヨ

たとえ〜だとしても
kahit na~
カーヒット ナ〜

たとえば
halimbawa
ハリムバーワ

他人
di kilalang tao
ディ キラーラン タオ

たのしい
masaya
マサヤ

たのむ
maki-usap
マキウーサップ

タバコ
sigarilyo
シガリーリョ

ダブルルーム
kuwartong pang-dalawahan
クワールトン パンダラワーハン

たぶん
siguro
シグーロ

食べ放題
all eat you can
オール イート ユー キャン

食べ物
pagkain
パグカーイン

食べる
kumain
クマーイン

タマゴ
itlog
イトゥログ

魂
kaluluwa
カールルワ

だます
lokohin
ロコーヒン

タマネギ
sibuyas
シブーヤス

ためす
subukan
スブーカン

ためらう
mag-atubili
マグアトゥビリ

だれ
sino
シーノ

短気
magagalitin
マガガリティン

短所
masamang ugali
マサマン ウガーリ

ダンス
sayaw
サヤウ

男性用
panlalaki
パンララーキ

たんぼ
palayan
パラヤン

血
dugo
ドゥゴ

治安がいい
mabuting sekyuridad
マブーティン セキュリダッドゥ

治安が悪い
masamang sekyuridad
マサマン セキュリダッドゥ

地位
posisyon
ポシション

地域
distrito
ディストゥリート

ちいさい
maliit
マリイットゥ

ちがう
iba
イバ

近づく
lumapit
ルマーピットゥ

誓って
Peks man
ペックス マン

地下鉄
subway
サブウェイ

ちくしょう
putang ina mo
プータン イナ モ

畜生 hayop ハーヨップ	駐車禁止 bawal iparada バーワル イパラーダ	通貨 kuwalta クワールタ
知識 kaalaman カアラマン	駐車場 paradahan パーラダハン	通過する lumampas ルマムパス
ちぢむ lumiit ルミイットゥ	駐車する iparada イパラーダ	通訳 tagapagsalin タガパグサリン
ちぢむ umurong ウムーロン	中心 gitna ギトゥナ	つかう gamitin ガミーティン
チャーター pag-arkila パグアルキラ	注文 order オルデル	つかまえる arestuhin アレストゥーヒン
茶色 kulay-kape クーライ カペ	腸 bituka ビトゥーカ	つかれる mapagod マパーゴッドゥ
着陸 paglapag パグラパッグ	蝶 paruparo パルーパロ	月 buwan ブワン
茶わん mangkok マンコック	長所 mabuting ugali マブーティン ウガーリ	次 susunod スースノッドゥ
注意する(用心) mag-ingat マグイーガットゥ	ちょうど ganap ガナップ	つくる gumawa グマワ
中国語 wikang Intsik ウィーカン インチック	ちょうどいい tamang-tama ターマンターマ	土 lupa ルーパ
中国人 Intsik インチック	町内会 baranggay バランガイ	つづく magpatuloy マグパトゥーロイ
中止 pagtigil パグティーギル	散らかっている nakakalat ナカカーラットゥ	つつむ balutan バルータン
中止する tumigil トゥミーギル	治療 pagpapagaling パグパパガリン	つなぐ ikonekta イコネクタ
注射 iniksiyon イニクシヨン	追加する dagdagan ダグダガン	津波 daluyong ダルーヨン

日本語	Tagalog	カタカナ

つば
dura
ドゥラ

つまみ
pulutan
プルータン

爪切り
pangkuko
パンクコ

つめたい
malamig
マラミッグ

つよい
malakas
マラカス

釣る
mamingwit
マミンウィットゥ

(〜に) ついて
tungkol sa 〜
トゥンコル サ

〜であれば
basta
バスタ

テーブル
mesa
メーサ

手紙をだす
ihulog ang sulat
イフーロッグ アン スーラットゥ

〜できる
marunong
マルーノン

出口
labasan
ラーバーサン

デコボコ
bako-bako
バコバコ

デザート
panghimagas
パンヒマガス

デザイン
disenyo
ディセーニョ

手数料
komisyon
コミション

手作りの
yari sa kamay
ヤーリ サ カマイリ

手伝う
tumulong
トゥムーロン

手で食べる
kamayan
カマヤン

手ぶくろ
guwantes
グワンテス

出る
lumabas
ルマバス

テレビ
telebisyon
テレビション

照れ屋
mahiyain
マヒヤーイン

手を握る
makipagkamay
マキパグカマイ

手荷物
hand carry
ハンキャリー

手をふる
ikaway
イカワイ

店員
tindera
ティンデーラ

電気
kuriyente
クリィェーンテ

電球
bombilya
ボムビーリャ

天国
langit
ラーギットゥ

伝言
mensahe
メンサーヘ

伝言する
ipagbilin
イパグビーリン

天井
bubong
ブボン

伝説
alamat
アラマット

伝染病
nakakahawang sakit
ナカカハーワン サキットゥ

伝統的盛装
filipiniana
フィリピニアーナ

電話
telepono
テレーポノ

ドアー
pinto
ピント

トイレに行く
mag-CR
マグシーアール

とうがらし
sili
シーリ

洞窟
kuweba
クウェーバ

どうしたの
Anong nangyari sa'yo?
アノン ナンヤーリ サヨ

日本語	Tagalog	カナ
同情する	makiramay	マキラーマイ
どうぞ〜して下さい	paki-	パキ
到着時刻	orasngdating	オーラス ナン ダティン
到着する	dumating	ドゥマティン
盗難	pagkawala	パグカワラ
東南アジア	Timog-silangang Asya	ティーモッグ シラーガン アーシャ
糖尿病	diyabetis	ディヤベーティス
豆腐	tokwa	トークワ
同封する	maglakip	マグラーキップ
動物	hayop	ハーヨップ
トウモロコシ	mais	マイス
どうやって?	paano	パアーノ
東洋	Silanganan	シラーガナン
東洋人	taga-silanganan	タガシラーガナン
登録	pagrerehistro	パグレレヒーストゥロ
登録する	irehistro	イレヒーストゥロ
討論する	talakayin	タラカーイン
遠ざかる	lumayo	ルマーヨ
通り	kalye	カーリェ
(〜の) 時	kapag	カパッグ
時々	paminsan-minsan	パミンサンミンサン
どきどきする	kabahan	カバハン
ときめく	tumibok	トゥミボック
得意	magaling sa 〜	マガリン サ
独学する	matuto sa sarili	マトゥート サ サリーリ
特産物	ispesyal na produkto	イスペシャル ナ プロドゥークト
読書	pagbabasa ng libro	パグババーサ ナン リブロ
独身 (女性)	dalaga	ダラーガ
独身 (男性)	binata	ビナータ
得する	mapakinabang	マパキナバン
特徴	katangian	カターギーアン
特別	tangi	ターギ
時計 (腕時計)	relo	レロ
時計 (置時計)	orasan	オラサン
どこ	saan	サアン
ところで	siyanga pala	シヤガ パラ
歳	gulang	グーラン
都市	lungsod	ルンソッドゥ
歳上の	mas matanda	マス マタンダ
歳下の	mas bata	マス バータ
歳とった	matanda	マタンダ
閉じる	magsara	マグサラ

塗装工
pintor
ピントル

土地
lupa
ルーパ

突然
bigla
ビグラ

隣
katabi
カタビ

跳ぶ
lumundag
ルムンダッグ

飛ぶ
lumipad
ルミパッドゥ

徒歩
paglalakad
パグララーカッドゥ

とぼける
magkunwaring hindi alam
マグクンワーリン ヒンディ アラム

トマト
kamatis
カマーティス

止まる
huminto
フミント

泊まる
tumigil
トゥミーギル

友達
kaibigan
カイビーガン

トラ
tigre
ティグレ

トラック
trak
トゥラック

トランプ
baraha
バラーハ

鳥
ibon
イーボン

とりあえず
muna
ムーナ

とり替える
palitan
パリタン

取る
kunin
クーニン

ドル
dolyar
ドリャル

どれ？
alin
アリン

泥棒
magnanakaw
マグナナーカウ

トンネル
tunel
トゥネル

な行

ナイフ
kutsilyo
クチーリョ

内容
nilalaman
ニラーラマン

治る
gumaling
グマリン

中
loob
ロオブ

長い
mahaba
マハーバ

長イス
bangko
バンコ

ながめがいい
maganda ang tanawin
マガンダ アン タナーウィン

ながれる
dumaloy
ドゥマーロイ

泣く（声をあげて）
umiyak
ウミヤック

泣く（静かに涙を流して）
lumuha
ルムーハ

なくす
mawala
マワラ

なぐる
bugbugin
ブグブギン

投げる
ihagis
イハーギス

ナス
talong
タロン

なぜ？
bakit
バーキットゥ

なぜならば
kasi
カシ

なつかしい
masayang nakaraan
マサヤン ナカラアン

などなど
atbp
アット イバ パ

なに? ano アノ	**何個?** ilang piraso? イラン ピラーソ	**日本円** yen イェン
〜なので dahil ダーヒル	**何時?** anong oras? アノン オーラス	**日本語** salitang Hapon サリタン ハポン
ナベ kaldero カルデーロ	**何時間** ilangoras? イラン オーラス	**日本語** Nipponggo ニッポンゴ
名前 pangalan パガーラン	**なんてこった** yak ヤック	**日本酒** Japanese sake ジャパニーズ サケ
なまけた tamad タマッドゥ	**何てこと** Susmaryosep ススマリョーセップ	**日本食** pagkaing Hapon パグカーイン ハポン
波 alon アーロン	**何人?** ilang katao? イラン カターオ	**日本人** Hapones ハポネス
なみだ luha ルーハ	**臭いをかぐ** amuyin アムイン	**荷物** bagahe バガーヘ
涙を流す lumuha ルマーハ	**苦瓜** ampalaya アムパラヤ	**入学** pagpasok sa eskuwela パグパーソック サ エスクウェーラ
悩む mamurublema マムルブレーマ	**〜が苦手** mahina sa〜 マヒーナ サ〜	**入管** imigrasyon イミグラシヨン
習う magpaturo マグパトゥーロ	**肉** karne カルネ	**ニュース** balita バリータ
〜ならば kung〜 クン〜	**にげる** tumakas トゥマーカス	**〜によれば** ayonsa〜 アーヨン サ〜
鳴る tumunog トゥムノッグ	**ニセモノ** peke ペケ	**煮る** ilaga イラーガ
なるべく早く sa lalong madaling panahon サ ラロン マダリン パナホン	**似ている** kahawig カハーウィッグ	**庭** hardin ハルディン
慣れる masanay マサーナイ	**2等** pangalawang klase パガラワン クラーセ	**ニワトリ** manok マノック

日本語	タガログ語	カタカナ

人気がある
popular
ポプラル

人形
manika
マニーカ

人間
tao
ターオ

妊娠
pagbubuntis
パグブブンティス

にんじん
karot
カロット

人数
bilang ng tao
ビーラン ナン ターオ

妊婦
babaeng nagbubuntis
ババーエン ナグブブンティス

抜く
bunutin
ブヌーティン

脱ぐ
maghubad
マグフバッドゥ

盗む
nakawin
ナカーウィン

布
tela
テーラ

ぬれた
basa
バサ

濡れる
mabasa
マバサ

寝かしつける
patulugin
パトゥルギン

ネコ
pusa
プーサ

ネズミ
daga
ダガ

値段
presyo
プレーショ

熱が出る
lagnatin
ラグナティン

値引きする
bawasan ang presyo
バワーサン アン プレーショ

ねむい
inaantok
イナアントック

寝る
matulog
マトゥーログ

年収
kinikita sa isang taon
キニーキタ サ イサン タオン

年齢
edad
エダッドゥ

脳
utak
ウータック

のこり
tira-tira
ティラティラ

〜を除いて
maliban sa~
マリーバン サ〜

ノック
katok
カトック

のどが乾く
mauhaw
マウーハウ

野原
bukid
ブーキッド

登る
umakyat
ウマクヤットゥ

蚤
pulgas
プルガス

飲む
uminom
ウミノム

〜のように
tulad ng~
トゥーラッドゥ ナン〜

乗り換える
lumipat ng ibang sasakyan
ルミーパットゥ ナン イバン ササカヤン

乗る
sumakay
スマカイ

呪い
kulam
クーラム

は行

バー
bar
バール

パーティー
parti
パールティ

バーベキュー
barbecue
バルベキュー

パーマ
kulot
クロットゥ

灰
abo
アボ

灰色	爆竹	破傷風
kulay-abo	paputok	tetano
クーライ アボ	パプトック	テータノ

ハイキング	爆発する	走る
haiking	pumutok	tumakbo
ハイキン	プムトック	トゥマクボ

はい（肯定）	博物館	バス
oo	museo	bus
オオ	ムセーオ	ブス

灰皿	ハゲ	はずかしがる
ash trey	kalbo	mahiya
アッシュ トゥレイ	カルボ	マヒヤ

歯医者	バケツ	パスポート
dentista	timba	pasaporte
デンティースタ	ティムバ	パサポールテ

配達する	箱	旗
mag-deliber	kahon	watawat
マグデリベル	カホン	ワターワットゥ

入る	運ぶ	バター
pumasok	magdala	mantikilya
プマーソック	マグダラ	マンティキーリャ

ハエ	はさむ	はだか
langaw	ipitin	hubad na katawan
ラーガウ	イピーティン	フバッドゥ ナ カタワン

バカ	橋	畑
tanga	tulay	bukid
タガ	トゥライ	ブーキッドゥ

計る（重さ）	端	はたらく
timbangin	gilid	magtrabaho
ティムバギン	ギーリッドゥ	マグトゥラバーホ

計る（寸法など）	箸	蜂
sukatin	tsapistik	bubuyog
スカーティン	チャップイスティック	ブブーヨッグ

吐く	はじめて	ハチミツ
magsuka	ngayon lang	pulot
マグスカ	ガヨン ラン	プロットゥ

履く	はじめる	発音する
magsuot	magsimula	bigkasin
マグスオットゥ	マグシムラ	ビグカシン

拍手	場所	発行する
palakpak	lugar	ilathala
パラクパック	ルガール	イラトゥハーラ

発行控え
kopya ng paglalathala
コーピャ ナン パグララトゥハーラ

発展途上国
umuunlad na bansa
ウムーウンラッドゥ ナ バンサ

ハデな
matingkad
マティンカッドゥ

花
bulaklak
ブラクラック

鼻
ilong
イロン

鼻くそ
kulangot
クラーゴット

話す
magsalita
マグサリタ

バナナ
saging
サーギン

鼻水
uhog
ウーホッグ

花をつける
mamulaklak
マムラクラック

ハブラシ
tutbras
トゥートゥブラス

ハミガキ粉
tutpeyst
トゥートゥペイストゥ

バムブーダンス
tinikling
ティニクリン

早い
maaga
マアーガ

速い
mabilis
マビリス

腹
tiyan
ティヤン

払う
magbayad
マグバーヤッドゥ

貼る
tapalan
タパーラン

晴れ
maaraw
マアーラウ

パワー
lakas
ラカス

パン
tinapay
ティナーパイ

範囲
hangganan
ハンガーナン

繁栄
kasaganaan
カサガナーアン

ハンカチ
panyo
パニョ

反感
antipatiko
アンティパーティコ

犯罪
krimen
クリーメン

ハンサム
guwapo
グワーポ

反対側
sa kabilang banda
サ カビラン バンダ

反対する
hindi sumang-ayon
ヒンディ スマンアーヨン

パンツ
brip
ブリプ

パンティー
panti
パンティ

半島
peninsula
ペニンスラ

ハンドバッグ
hanbag
ハンバッグ

犯人
kriminal
クリミナル

半分
kalahati
カラハーティ

火
apoy
アポイ

ピアノ
piyano
ピヤーノ

ビール
bir
ビール

比較する
ihambing
イハムビン

光
ilaw
イーラウ

ひき受ける
tanggapin
タンガピン

引き出す
ilabas
イラバス

引く hilahin ヒラーヒン	ひっぱる hilahin ヒラーヒン	美容院 byutiparlor ビューティ パルロル
低い mababa マバーバ	必要とする kailangan カイラーガン	病院 ospital オスピタル
日暮れ paglubog ng araw パグルボッグ ナン アーラウ	ひどい grabe グラーベ	病気 sakit サキットゥ
ヒゲ（あごひげ） balbas バルバス	等しい pareho パレーホ	表現する ipahayag イパハーヤッグ
ヒゲそり pang-ahit パンアーヒットゥ	人でなし hayop【俗】 ハーヨップ	美容師 byutisyan ビューティシャン
ヒゲ（口ひげ） bigote ビゴーテ	ビニール袋 plastik プラスティック	ビリヤード bilyar ビリャル
飛行機 eruplano エルプラーノ	避妊する iwasan ang pagbubuntis イワーサン アン パグブブンティス	昼休み lunchbreak ランチ ブレイク
ビザ bisa ビーサ	避妊薬 contraceptive コントゥラセプティブ	広い malawak マラーワック
秘書 kalihim カリーヒム	日の出 pagsikat ng araw パグシーカットゥ ナン アーラウ	ビン bote ボーテ
非常口 labasang pang-emergency ラーバーサン パンエメルジェンシー	皮膚 balat バラットゥ	ピンク kulay rosas クーライ ローサス
ピストル baril バリル	皮膚科 dermatology ダーマトロジー	貧血 kulang sa dugo クーラン サ ドゥゴ
額 noo ノオ	秘密 lihim リーヒム	頻繁に madalas マダラス
左 kaliwa カリワ	媚薬 gayuma ガユーマ	貧乏な mahirap マヒーラップ
ビックリした Diyos ko! ジョス コ	費用 gastos ガストス	風刺する magtuya マグトゥヤ

封筒
sobre
ソーブレ

夫婦
mag-asawa
マグアサーワ

フェイスタオル
bimpo
ビムポ

ふえる
dumami
ドゥマーミ

フォーク（食器）
tinidor
ティニドル

フォーマル
pormal
ポルマル

部下
tauhan
タウーハン

深い
malalim
マラーリム

不可能
imposible
イムポシブレ

服
damit
ダミットゥ

複雑
komplikado
コムプリカード

腹痛
sakit sa tiyan
サキットゥ サ ティヤン

ふくんだ
kasama
カサーマ

不幸な
kapos-palad
カポスパラドゥ

侮辱する
insultuhin
インスールトゥヒン

フタ
takip
タキップ

ブタ
baboy
バーボイ

ふたたび
muli
ムリ

普通
ordinaryo
オルディナーリョ

物価
presyo ng mga bagay
プレーショ ナン マガ バーガイ

二日酔い
hang-ober
ハングオーベル

ぶつかること
bangga
バンガ

仏教
budismo
ブディースモ

(〜が) 不得意
mahina sa ~
マヒーナ サ

ふとった
mataba
マタバ

ふとる
tumaba
トゥマバ

船便
sea mail
シーメイル

船着き場
piyer
ピイェル

部分
parte
パールテ

不法
ilegal
イリーガル

不法滞在
ilegal na pagtira
イリーガル ナ パグティラ

不法入国
ilegal na pagpasok sa isang bansa
イリーガル ナ パグパーソック サ イサン バンサ

ふむ
takpan
タクパン

ふやす
madagdagan
マダグダガン

不愉快になる
maghinanakit
マグヒナナキットゥ

ブラウス
blusa
ブルーサ

ブラシ
bras
ブラス

ブラジャー
bra
ブラ

プラスチック
plastik
プラスティック

プラチナ
platinum
プラティナム

フラッシュ禁止
bawal magsindi ng plas layt
バーワル マグシンディ ナン プラス ライトゥ

古い	閉店する	便利
luma	magsara ng tindahan	kunbiniente
ルーマ	マグサラ ナン ティンダーハン	クンビニエーンテ

ブレスレット	平和	貿易
bracelet	kapayapaan	pangangalakal
ブレイスレットゥ	カパヤパアン	パガンガラーカル

プレゼント	へそ	冒険
regalo	pusod	pakikipagsapalaran
レガーロ	プーソッドゥ	パキキパグサーパララン

プロ	下手	方言
propesyonal	hindi magaling	diyalekto
プロペショナル	ヒンディ マガリン	ディヤレークト

風呂場	ペット	方向
paliguan	alagang hayop	direksiyon
パーリグアン	アラーガン ハーヨップ	ディレクシヨン

フロント	ベッド	ぼうし
resepsyon	kama	sumbrero
レセプション	カーマ	スムブレーロ

雰囲気	ヘビ	防止
kapaligiran	ahas	pag-iwas
カパリギラン	アーハス	パグイーワス

文化	部屋	縫製
kultura	kuwarto	pananahi
クルトゥーラ	クワールト	パナナヒ

文学	減る	縫製師
literatura	bawasan	mananahi
リテラトゥーラ	バワーサン	マナナーヒ

〜分（時間）	ベルト	宝石
〜 minuto（〜 oras）	sinturon	alahas
ミヌート（オーラス）	シントゥロン	アラーハス

文章	弁解	放蕩
pangungusap	katwiran	gimik【俗】
パグングーサップ	カトゥウィーラン	ギミック

文法	勉強する	方法
gramatiko	matuto	paraan
グラマーティコ	マトゥート	パラアン

平均的な	返事	法律
karaniwan	sagot	batas
カラニーワン	サゴットゥ	バタス

兵士	べんとう	ボート
sundalo	baon	bangka
スンダーロ	バーオン	バンカ

ボーナス
bonus
ボーヌス

ほかの
iba
イバ

牧師
pastor
パストル

ほくろ
nunal
ヌナル

ポケット
bulsa
ブルサ

保険
seguro
セグーロ

ホコリ
alikabok
アリカボック

誇り
pagpapahalaga sa sarili
パグパパハラガ サ サリーリ

星
bituin
ビトゥイン

欲しい
gusto
グスト

補償
kabayaran
カバヤラン

保証金
deposito
デポーシト

保証書
garantiya
ガランティーヤ

保証する
garantiyahan
ガランティヤハン

保証人
tagagarantiya
タガガランティヤ

干す
isampay
イサムパイ

ポスト
buson
ブソン

細い
payat
パヤットゥ

ホットコーヒー
mainit na kape
マイーニットゥ ナ カペ

ほとんど
halos
ハーロス

骨
buto
ブト

ほほ
pisngi
ピスギ

ほほえみ
ngiti
ギティ

ほめる
purihin
プリーヒン

ボランティア
boluntaryo
ボルンターリョ

掘る
maghukay
マグフーカイ

本
libro
リブロ

ほんとうに〜
talagang
〜タラガン

ほんもの
tunay
トゥーナイ

本屋
tindahan ng libro
ティンダーハン ナン リブロ

翻訳する
isalin sa ibang lengguwahe
イサーリン サ イバン レングワーヘ

ま 行

毎（回、日など）〜
tuwing 〜
トゥイン

巻く
gumulong
グムーロン

まくら
unan
ウーナン

負ける
matalo
マタ―ロ

マジな話
sa seryosong usapan
サ セリョーソン ウサパン

まじめ
matapat
マタパットゥ

まずい（事態）
hindi mabuti
ヒンディ マブーティ

まず始めに
bago ang lahat
バーゴ アン ラーハット

混ぜ合わせる
ihalo
イハーロ

まだ〜ある
〜 pa
パ

103

日本語	Tagalog	カタカナ
まだ〜ない	~hindi pa	〜ヒンディ パ
町	bayan	バーヤン
待ち合わせ	pagtatagpuan	パグタタグプアン
まちがい	pagkakamali	パグカカーマリ
待つ	maghintay	マグヒンタイ
まつげ	pilik-mata	ピリックマタ
マッサージ	masahe	マサーヘ
まっすぐ	diretso	ディレーチョ
まっすぐ進む	dumeretso	ドゥメレーチョ
祭り	piyesta	ピイェースタ
〜まで	hanggang ~	ハンガン〜
窓	bintana	ビンターナ
まにあう	umabot	ウマボットゥ
マニキュア	manikyur	マニキュル
マネる	gayahin	ガヤーヒン
豆	mani	マニ
まもなく	hindi magtatagal	ヒンディ マグタタガル
守る	magbantay	マグバンタイ
麻薬	bawal na gamot	バーワル ナ ガモットゥ
眉毛	kilay	キーライ
迷う	maligaw	マリガウ
まるい	bilog	ビログ
まるで〜	parang ~	パーラン
回す	ikutin	イクーティン
(〜で)満員	punong-puno ng ~	プノンプノ ナン
マンガ	kartun	カルトゥン
満足する	makuntento	マクンテート
まん中	gitna	ギトゥナ
見送る	maghatid	マグハティドゥ
みがく	magpakintab	マグパキンタブ
右	kanan	カーナン
未婚の母	dalagang ina	ダラーガン イナ
ミサ	mass	マス
みじかい	maigsi	マイグシ
水	tubig	トゥービッグ
水色	murang asul	ムーラン アスル
湖	lawa	ラーワ
水玉	polkadat	ポルカダットゥ
水虫	alipunga	アリプーガ
店	tindahan	ティンダーハン
見せて!	patingin!	パティギン
(〜を)見せる	ipakita	イパキータ

道 daan ダアン	見る tumingin トゥミギン	村 baryo バーリョ
みつける mahanap マハナップ	民間治療師 albularyo アルブラーリョ	紫 kulay ube クーライ ウベ
緑色 berde ベールデ	民族 lahi ラーヒ	無料 libre リブレ
皆（みな） lahat ラーハットゥ	民族音楽 katutubong musika カトゥトゥーボン ムーシカ	名刺 calling card コーリング カード
港 piyer ピィエル	民族舞踊 katutubong sayaw カトゥトゥーボン サヤウ	迷信 pamahiin パーマヒイン
みにくい pangit パーギットゥ	むかえる salubungin サルブーギン	迷惑 istorbo イストールボ
みにくくなる pumangit プマーギットゥ	むかし noong araw ノオン アーラウ	メートル metro メトゥロ
身分証明書 ID アイディー	ムカつく nakakainis ナカーカイニス	メガネ salamin サラミン
耳あか tutuli トゥートゥリ	ムシ insekto インセクト	目薬 gamot sa mata ガモットゥ サ マタ
脈拍 pulso プルソ	ムシ歯 bukbok ブックボック	（を）目指す layunin ラユーニン
みやげ pasalubong パサルーボン	むずかしい mahirap マヒーラップ	めずらしい bihira ビヒーラ
明晩 bukas ng gabi ブーカス ナン ガビ	むすぶ itali イターリ	めったにない bihira ビヒーラ
未来 hinaharap ヒナハラップ	ムダづかい pagsasayang パグササーヤン	メニュー menu メヌ
魅力的 kaakit-akit カアーキットゥ アーキットゥ	夢中になる maloko マローコ	めまいがする mahilo マヒーロ

日本語	Tagalog	カナ
目ヤニ	muta	ムータ
綿	bulak	ブーラック
麺	mik	ミーキ
免税	duty-free	ジューティフリー
免税店	duty-free shop	デューティフリー ショップ
めんどくさい	matrabaho	マトゥラバーホ
儲ける	kumita	クミータ
もう〜した	na	ナ
申し訳ない	pasensya na	パセンシャ ナ
毛布	kumot	クーモットゥ
燃える	masunog	マスーノッグ
目的	layunin	ラユーニン
目的地	pupuntahan	ププンタハン
潜る	sumisid	スミーシッドゥ
文字	titik	ティーティック
もし〜ならば	kung 〜	クン
もしもし	hello	ヘロー
もたれかかる	sumandal	スマンダル
もちろん	siyempre	シイェームプレ
もったいない	sayang	サーヤン
持っている	may	マイ
もてなす	umistima	ウミスティマ
燃やす	sunugin	スヌーギン
もらう	tanggapin	タンガピン
森	gubat	グーバットゥ
もろい	marupok	マルポック
門	tarangkahan	ターランカーハン
問題 (problem)	problema	プロブレーマ

や行

日本語	Tagalog	カナ
八百屋	magguguIay	マグググライ
焼く	ihawin	イハーウィン
約 (およそ)	mga	マガ
ヤクザ	yakusa	ヤクーサ
約束	pangako	パガーコ
約束する	mangako	マガーコ
役に立つ	nakakatulong	ナカカトゥーロン
野菜	gulay	グーライ
易しい	madali	マダリ
優しい	mabait	マバイットゥ
安い	mura	ムーラ
やすみ (休日)	araw na walang pasok	アーラウ ナ ワラン パーソック
やすみ (休息)	pahinga	パヒガ

日本語	Tagalog	カナ
やせた	payat	パヤットゥ
やせる	pumayat	プマヤットゥ
屋台	puwesto	プウェースト
家賃	upa	ウーパ
薬局	botika	ボティーカ
破る	punitin	プニーティン
山	bundok	ブンドック
やわらかい	malambot	マラムボットゥ
〜行き	papuntang 〜	パプンタン
湯	mainit na tubig	マイーニットゥ ナ トゥービッグ
遊園地	palaruan	パーラルーアン
勇気	katapangan	カタパーガン
友情	pagkakaibigan	パグカカイビーガン
郵便	koreo	コレーオ
有名な	kilala	キラーラ
誘惑	tukso	トゥクソ
床	sahig	サヒッグ
ゆたかな	masagana	マサガーナ
ゆっくり	dahan-dahan	ダーハンダーハン
ゆでる	ilaga	イラーガ〜
指	daliri	ダリーリ
指輪	singsing	シンシン
夢（将来の）	pangarap	パガーラップ
夢（寝ている時の）	panaginip	パナギーニップ
夜明け	bukang-liwayway	ブカンリワイワイ
良い	mabuti	マブーティ
酔う	malasing	マラシン
用事	lakad	ラーカッドゥ
ようす	kundisyon	クンディション
要するに	sa madaling salita	サ マダリン サリタ
妖精	enkanto	エンカーント
余暇	oras ng paglilibang	オーラス ナン パグリリバン
預金する	i-deposito	イデポースト
欲	pagnanais	パグナナイス
横	pahalang	パハラン
横になる	humiga	フミガ
よごれる	dumumi	ドゥムミ
予算	badyet	バジェットゥ
予定をたてる	magplano	マグプラーノ
嫁	manugang na babae	マヌーガン ナ ババーエ
よぶ	tawagin	タワーギン
読む	bumasa	ブマーサ

予約	寮	ルームメイト
reserbasyon	dormitoryo	kakuwarto
レセルバション	ドルミトーリョ	カクワールト

予約する	両替	例
magreserba	pagpapapalit ng pera	halimbawa
マグレセールバ	パグパパパリットゥ ナン ペーラ	ハリムバーワ

よろこぶ	両替商	霊
ikatuwa	money changer	espiritu
イカトゥワ	マネー チェーンジェル	エスピートゥ

よわい	両替する	冷蔵庫
mahina	magpapapalit ng pera	pridyeder
マヒーナ	マグパパパリットゥ ナン ペーラ	プリジェデル

ら行

	領事館	礼拝
	consulate	pagsisimba
	コンサラットゥ	パグシシムバ

ライター	領土	レート
manunulat	teritoryo	palit
マヌヌラットゥ	テリトーリョ	パリットゥ

ラジオ	両方	レバー
radyo	pareho	atay
ラージョ	パレーホ	アタイ

離婚	料理	練習する
diborsiyo	lutuin	mag-praktis
ディボールショ	ルトゥーイン	マグプラクティス

理想	～料理	レンタカー
mithi	pagkaing ～	rentahan ng sasakyan
ミトゥヒ	パグカーイン～	レンタハン ナン ササキャン

理由	料理する	連絡する
dahilan	magluto	ipaalam
ダヒラン	マグルートゥ	イパアラム

留学	旅行	ロウソク
pag-aaral sa ibang bansa	biyahe	kandila
パグアアーラル サ イバン バンサ	ビヤーヘ	カンディーラ

留学生	旅行する	ロータリー
estudyanteng dayuhan	magbiyahe	rotonda
エストゥジャーンテン ダユーハン	マグビヤーヘ	ロトーンダ

流行	リンゴ	録音する
uso	mansanas	mag-rekord
ウーソ	マンサーナス	マグレコルドゥ

リュウマチ	臨時	路地
rayuma	pansamantala	eskinita
ラユーマ	パンサマンターラ	エスキニータ

ロビー
lobi
ロビ

わ行

わいせつな
malaswa
マラスワ

若い
bata
バータ

沸かす
pakuluan
パクルアン

わがまま
makasarili
マカサリーリ

若者
mga kabataan
マガ カバタアン

わかる
alam
アラム

わかれる
maghiwalay
マグヒワライ

わける
hatiin
ハティイン

輪ゴム
goma
ゴーマ

わざと
sadya
サジャ

忘れる
makalimutan
マカリムータン

わたす
iabot
イアボットゥ

わたる
tumawid
トゥマウィッドゥ

わらう
tumawa
トゥマーワ

割引き
diskuwento
ディスクウェーント

悪い
masama
マサマ

割る (石・氷など)
biyakin
ビヤキン

割る (皿など)
basagin
バサーギン

割る (割り算)
hatiin
ハティイン

湾
look
ロオク

おかげさまで 510 万部突破！　大好評の

【旅の指さし会話帳】

1	タイ [第三版]	1,400 円
2	インドネシア [第三版]	1,400 円
3	香港 [第三版]	1,400 円
4	中国 [第三版]	1,400 円
5	韓国 [第三版]	1,400 円
6	イタリア [第三版]	1,400 円
7	オーストラリア [第二版]	1,300 円
8	台湾 [第二版]	1,300 円
9	アメリカ [第二版]	1,300 円
10	イギリス [第二版]	1,300 円
11	ベトナム [第二版]	1,500 円
12	スペイン [第四版]	1,400 円
13	キューバ	1,700 円
14	フィリピン [第二版]	1,400 円
15	マレーシア [第二版]	1,400 円
16	モンゴル	1,700 円
17	フランス [第二版]	1,300 円
18	トルコ [第二版]	1,500 円
19	カンボジア [第二版]	1,800 円
20	ドイツ [第二版]	1,300 円
21	JAPAN【英語版】	1,500 円
22	インド	1,500 円
23	ブラジル	1,500 円
24	ギリシア	1,500 円
25	ネパール	1,800 円
26	ロシア	1,700 円
27	JAPAN【韓国語版】	1,500 円
28	メキシコ	1,600 円
29	オランダ	1,600 円
30	スウェーデン	1,800 円
31	デンマーク	1,800 円
32	カナダ	1,500 円
33	JAPAN【中国語（北京語）版】	1,500 円
34	ハワイ	1,300 円
35	フィンランド	1,800 円
36	チェコ	1,800 円
37	上海	1,400 円
38	シンガポール	1,500 円
39	エジプト	1,700 円
40	アルゼンチン	1,700 円
41	アフガニスタン	1,600 円
42	北朝鮮	1,700 円
43	ニューヨーク	1,400 円
44	ミャンマー	1,800 円
45	北京	1,400 円
46	イラク	1,800 円
47	モロッコ	1,800 円
48	オーストリア	1,700 円
49	ハンガリー	1,800 円
50	ルーマニア	1,800 円
51	アイルランド	1,800 円
52	ポルトガル	1,700 円
53	ジャマイカ	1,800 円
54	ニュージーランド	1,500 円
55	モルディブ	1,800 円
56	スリランカ	1,800 円
57	ノルウェー	1,800 円
58	ポーランド	1,800 円
59	西安	1,600 円
60	ケニア	1,800 円
61	グアム	1,300 円
62	ペルー	1,700 円
63	雲南	1,600 円
64	ラオス	1,800 円
65	チベット	1,800 円
66	ベルギー	1,500 円

「旅の指さし会話帳シリーズ」一覧

67	KYOTO【京ことば】	1,500 円
68	サイパン	1,300 円
69	JAPAN【スペイン語版】	1,500 円
70	タヒチ	1,800 円
71	スイス	1,600 円
72	イラン	1,800 円
73	クロアチア	1,800 円
74	バリ	1,300 円
75	パキスタン	1,800 円
76	南インド	1,800 円
77	チュニジア	1,800 円
78	ドバイ	1,500 円
79	JAPON【フランス語版】	1,500 円
80	スロバキア	1,800 円
81	ブータン	1,800 円
82	イスラエル	1,800 円

【ビジネス指さし会話帳】

1	中国語	1,500 円
2	英語	1,500 円
3	タイ	1,500 円
4	台湾華語	1,500 円
5	韓国語	1,500 円

【食べる指さし会話帳】

1	タイ	1,200 円
2	韓国	1,200 円
3	ベトナム [第二版]	1,500 円
4	台湾	1,500 円
5	中国	1,500 円
6	フランス	1,500 円
7	イタリア	1,500 円
8	インドネシア	1,700 円
9	JAPANESE FOOD	1,500 円

【遊ぶ指さし会話帳】

ダイビング（英語）	1,500 円

【恋する指さし会話帳】

1	英語編	1,400 円
2	フランス語編	1,500 円
3	フィリピン語編	1,800 円
4	韓国語編	1,500 円
5	インドネシア語編	1,500 円

【旅の指さし会話帳　国内編】

1	沖縄	1,400 円
2	大阪	1,400 円

【暮らしの日本語指さし会話帳】

1	フィリピン語版	1,500 円
2	ポルトガル語版	1,500 円
3	中国語版	1,500 円
4	英語版	1,500 円
5	韓国語版	1,500 円
6	スペイン語版	1,500 円

【旅の指さし会話帳 mini】

- ●韓国　●台北　●イタリア
- ●中国　●上海　●フランス
- ●タイ　●バリ　●スペイン
- ●香港　●ハワイ　●ドイツ
- ●ベトナム　●グアム　●英語

各 680 円

- ●JAPAN

【英語・中国語・韓国語・スペイン語・フランス語】　各680円

- ●いきなり出張会話

【中国・韓国・タイ・英語】各 800 円

価格はすべて税別

著者◎白野 慎也(はくの・しんや)

1961年東京生まれ。東京大学文学部卒業。語学にまったく興味のなかった普通の企業サラリーマンから一変し、現地のフィリピン人にも驚かれる正確なフィリピノ語を独学で身につけた才人であるが、その情熱のきっかけとなったのは、若き日のあるフィリピン女性との恋愛であったという。恋は成就しなかったが、フィリピンの文化と言語とは切っても切れない人生となった。本書の元本である『旅の指さし会話帳14 フィリピン』では、フィリピノ語（タガログ語）に加え、セブアーノ語など多島国フィリピンの多様な言語と文化を紹介している。現在は、中小企業経営者や開業医を対象に経営コンサルタントとして活動するかたわら、日本とフィリピンを人的・文化的に橋渡しする様々なビジネス・コンサルティングも手がけている。
http://www.admars.co.jp/tgs/
e-mail : tgs@admars.co.jp

ブックデザイン	斉藤いづみ〔rhyme inc.〕
カバーイラスト	むろふしかえ
本文イラスト	朝倉千夏　むろふしかえ
企画協力	株式会社エビデンス

旅の指さし会話帳mini フィリピン(フィリピノ語)

2016年2月12日　第1刷
2018年12月7日　第2刷

著者	白野慎也
発行者	田村隆英
発行所	株式会社情報センター出版局
	〒160-0004　東京都新宿区四谷2-1 四谷ビル
	電話 03-3358-0231　振替 00140-4-46236
	URL:http://www.4jc.co.jp　http://www.yubisashi.com
印刷	モリモト印刷株式会社

©2016 Shinya Hakuno , Joho Center Publishing Co.,Ltd.
ISBN978-4-7958-5033-0　　　落丁本・乱丁本はお取替えいたします。

＊「旅の指さし会話帳」及び「YUBISASHI」は(株)情報センター出版局の登録商標です。
＊「YUBISASHI」は国際商標登録済みです。